Dr. Jochen Zenthöfer

STAATSRECHT 2
Grundrechte

Grundrechte endlich verständlich, ...

... wie prüft man sie richtig? Welche Definitionen muss ich lernen? Wie wird das ganze in Fälle eingebaut? Welche Probleme enthält die Zulässigkeit der Verfassungsbeschwerde?

Dieses Buch richtet sich an alle, die konzentriert Vorlesungen und Klausuren vorbereiten müssen.

Als Autor dieses Grundkurses freue ich mich über **jede** Kritik und Anregung, aber auch über Lob.

jochen@zenthoefer.de

Mein Freund und Kollege Dr. Christian Rauda und ich haben auch ein Fallbuch zum Thema Grundrechte veröffentlicht: „25 Fälle Grundrechte", 7,80 Euro, ISBN 978-3-935150-78-1. Vielleicht hilft Ihnen das zusätzlich zur Vorbereitung auf Klausuren.

Viel Erfolg beim Studium!

J.Z.

Dr. Jochen Zenthöfer, geboren 1977; Studium der Rechtswissenschaften in Bonn, Sydney, Bangkok und Berlin. Staatsexamen (mit Prädikat). Promotion mit Auszeichnung an der Universität Potsdam über ein staatsrechtliches Thema. Referendariat in Berlin, Speyer und Jakarta. Zunächst Redenschreiber für den Ministerpräsidenten von Nordrhein-Westfalen, später Prokurist eines IT- und Medienunternehmens in Freiburg sowie Vorstand einer Aktiengesellschaft. Inzwischen in Luxemburg tätig. Verheiratet, ein Sohn. Email: jochen@zenthoefer.de

www.zenthoefer.lu

COPYRIGHT: Richter-Verlag
                  Hans-Peter Richter
                  Paul-Schroeder-Straße 18
                  24229 Dänischenhagen
                  Tel. 04349-1725
                  Fax 04349-571
                  E-mail: RICHTER-VERLAG@t-online.de
                  Website: www.Richter-Verlag.de

Druck und Verarbeitung: Druckerei Schmidt & Klaunig, Kiel

Weitere Bücher dieser Reihe sind erhältlich über den Buchhandel oder direkt vom Verlag.

10. Auflage 2017

ISBN 978-3-935150-19-4

Inhaltsverzeichnis

Fallübersicht		
1	Verfassungsbeschwerde gegen ein Urteil / Religionsfreiheit	29
2	Verfassungsbeschwerde gegen ein Gesetz / Allg. Handlungsfreiheit	38
3	Positive und negative Religionsfreiheit, Schulwesen	48
4	Verfassungsbeschwerde eines Ausländers / Meinungsfreiheit	64
5	Berufsfreiheit: Subjektive Zulassungsbeschränkung	85
6	Verfassungsbeschwerde gegen ein Urteil / Prüfung Gleichheitsrecht	116

1. Kapitel

Einführung

I. Was sind Grundrechte?

In der deutschen Verfassung, dem Grundgesetz (GG), ist bereits im ersten Artikel von Grundrechten die Rede. In Art. 1 III heißt es: „Die nachfolgenden Grundrechte binden Gesetzgebung, vollziehende Gewalt und Rechtsprechung als unmittelbar geltendes Recht." Damit gehen die Grundrechte wie alle Verfassungsnormen dem einfachen Gesetzen vor. Grundrechte sind **höherrangiges Recht**.

Die *nachfolgenden* Grundrechte sind dann die **Art. 2 - 19**. Aber auch **Art. 1** gehört dazu, wenn er auch nicht wirklich nachfolgt, sondern voran steht. Neben diesen Grundrechten zu Beginn der Verfassung sind weitere im GG verstreut: Die **Art. 20 IV, 33, 38, 101, 103 und 104** werden als „grundrechtsgleiche Rechte" bezeichnet.

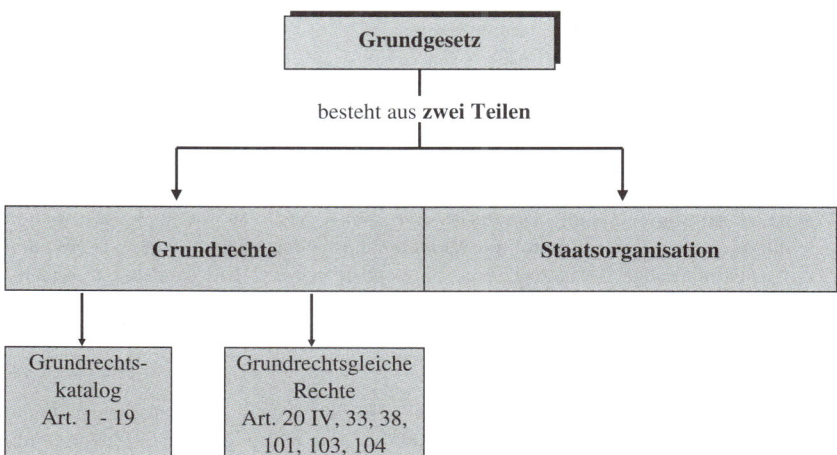

In den Universitäten werden die Grundrechte in einer eigenen Vorlesung „**Staatsrecht II**" behandelt. Zwar handelt es sich um vergleichsweise wenige Normen, dafür haben sie es in sich. Es reicht nicht, die Grundrechte einmal gelesen zu haben. Die **Auslegung** von Grundrechten muss ebenso erlernt werden wie die Technik der **Grundrechtsprüfung**.

Die wichtigste **Funktion** der Grundrechte ist die **Begrenzung von Staatsgewalt**. Die Grundrechte sichern einen Bereich, in den der Staat entweder gar nicht oder nur begrenzt und dann auch nur mit guter Begründung eingreifen darf. Was eine „gute Begründung" ist, ist dabei immer die Gretchenfrage.

II. Grundrechtsgeschichte und internationale Bezüge

Grundrechte, die die Staatsgewalt begrenzen, sind eine neuzeitliche Idee. Im Jahre 1679 wurde in England den Untertanen erstmals Schutz vor Verhaftung ohne gerichtliche Untersuchung gewährt (Habeas Corpus-Akte). Zur Formulierung echter Grundrechtskataloge kommt es dann ab 1776 mit der „**Virginia Bill of Rights**" in Nordamerika:

> „Eine Erklärung der Rechte, gegeben von den Vertretern des guten Volkes von Virginia, zusammengekommen in vollzähliger und freier Versammlung darüber, welche Rechte ihnen und ihrer Nachkommenschaft als Grundlage und Fundament der Regierung zustehen.
>
> Dass alle Menschen von Natur aus gleich frei und unabhängig sind und bestimmte angeborene Rechte besitzen, die sie ihrer Nachkommenschaft durch keinen Vertrag rauben oder entziehen können, wenn sie eine staatliche Verbindung eingehen, nämlich das Recht auf den Genuß des Lebens und der Freiheit, auf die Mittel zum Erwerb und Besitz von Eigentum, das Streben nach Glück und Sicherheit und das Erlangen beider."
> (Auszug)

In Europa erfolgt der Durchbruch dann mit der **Französischen Menschenrechtsdeklaration** von 1789, in der es in Art. 1 heißt:

> „Die Menschen sind und bleiben von Geburt an frei und gleich an Rechten. Soziale Unterschiede dürfen nur im Allgemeinnutzen begründet sein."

Erst im 19. Jahrhundert werden Grundrechte in die Verfassungen der deutschen Einzelstaaten aufgenommen. Der Versuch einer reichsweiten Kodifikation in der „Paulskirchenverfassung" von 1848 scheitert, da sie nie in Kraft tritt. Damit enthält die **Weimarer Reichsverfassung von 1919** zum ersten Mal einen Grundrechtskatalog. Allerdings gab es signifikante Funktionsdefizite: Grundrechte waren keine die Staatsgewalt bindenden Beschränkungen, wie es heute in Art. 1 III festgelegt ist, sondern wurden nur nach Maßgabe der einfachen Gesetze gewährt. Auch konnten soziale Verheißungen wie ein „Recht auf Arbeit" nicht vor den Folgen von Wirtschaftskrise und Massenarbeitslosigkeit schützen.

Während der Zeit des **Nationalsozialismus** (1933-45) galten die Menschenrechte in keinster Weise. Die Grundrechte wurden vielmehr mit Füßen getreten. Millionen von Menschen wurden beraubt, von ihren Familien getrennt, gefoltert und ermordet; viele von ihnen, wie wir wissen, in einer grausamen, bestialischen Weise.

Nach der **Befreiung** 1945 wurde Deutschland in vier Besatzungszonen geteilt. Aus der amerikanischen, französischen und englischen Zone wurden die westlichen Bundesländer gebildet (das Saarland, damals französisch, kam 1957 hinzu). Die Länder gaben sich neue Landesverfassungen mit Grundrechtskatalogen. Auch die 1949 gegründete **Bundesrepublik Deutschland** garantierte in ihrem Grundgesetz die Menschenrechte.

Aus den bitteren Erfahrungen mit dem Nationalsozialismus wurden die Grundrechte an den **Anfang** der Verfassung gesetzt. Zum ersten Mal bekamen sie auch eine konkrete Bedeutung: Gesetze konnten von nun an nur noch nach Maßgabe der Grundrechte erlassen werden. In der Weimarer Reichsverfassung war das, wie gesehen, ganz anders: Dort galten die Grundrechte nur nach Maßgabe der einfachen Gesetze.

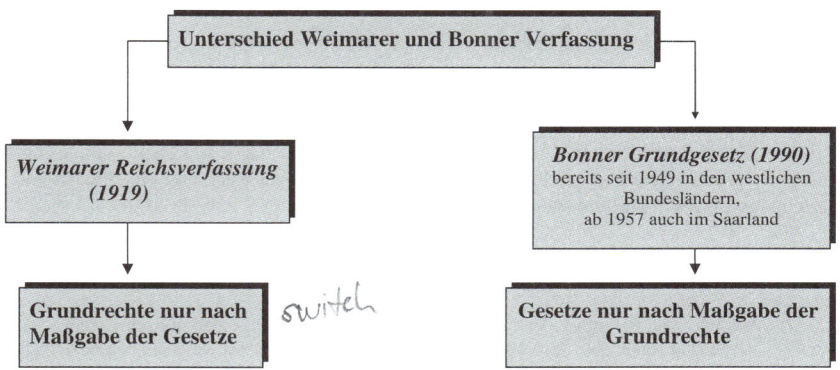

Das Grundgesetz galt allerdings nicht in der sowjetischen Besatzungszone. Dort entstand die **Deutsche Demokratische Republik** (DDR), die sich eine Schein-Verfassung gab. Bürgerrechte waren in der DDR nicht gewährleistet. Vielmehr unterdrückte das Regime der Sozialistischen Einheitspartei (SED) die Menschen mit Mauerbau, Staatssicherheit und massiven Reisebeschränkungen. Nicht möglich waren unter anderem die Freie Meinungsäußerung, Freie Berufswahl, Bildung von Oppositionsparteien, Wahlfreiheit und ungestörte Religionsausübung.

Nach der Auflehnung mutiger Menschen gegen diesen Zwangsapparat in der **Revolution von 1989** öffneten sich die Grenzen. Deutschland vereinigte sich am 3. Oktober 1990. Seit diesem Tag gilt das Grundgesetz in allen Teilen Deutschlands. Zum ersten Mal in der Geschichte genießen alle Deutschen einen umfangreichen und einklagbaren Grundrechtsschutz.

Auf internationaler Ebene gelten für den Menschenrechtsschutz unter anderem:
- die **Allgemeine Erklärung der Menschenrechte** vom 10. Dezember 1948. Die Inhalte dieser Resolution der UN-Generalversammlung sind heute zwingendes Völkergewohnheitsrecht;
- die **UN-Menschenrechtspakte** über bürgerliche und politische Rechte sowie über wirtschaftliche, soziale und kulturelle Rechte vom 19. Dezember 1966. In Deutschland sind diese Pakte 1976 in Kraft getreten (Gesetzesbeschluss nach Art. 59 II GG).

III. Europäischer Menschenrechtsschutz

Auf europäischer Ebene sind die EMRK (in den 47 Staaten des Europarates; fast alle Staaten Europas sind Mitglied [außer Weißrussland und Vatikan]) und die EU-Grundrechtecharta (in den 28 Staaten der Europäischen Union) zu nennen:

Europäische Menschenrechtskonvention (EMRK)

Die Europäische Menschenrechtskonvention (EMRK) von **1950** wurde ebenso wie die UN-Pakte mit einem Gesetzesbeschluss nach Art. 59 II GG in innerstaatliches, also deutsches, Recht transformiert. Geschützt werden in erster Linie die klassischen **Individualrechte**, wie das Recht auf Leben (Art. 2), das Verbot von Folter (Art. 3), Sklaverei und Zwangsarbeit (Art. 4). Nach Art. 13 EMRK hat jede Person, deren durch diese Konvention anerkannten Rechte verletzt worden sind, das Recht auf einen wirksamen Rechtsschutz vor einer *nationalen* Instanz.

Zur Durchsetzung der gewährten Rechte wurde der Europäische Gerichtshof für Menschenrechte (EGMR) in Straßburg geschaffen.

Ähnlich wie bei einer Verfassungsbeschwerde kann sich jeder Einzelne gegen eine Verletzung seiner Konventionsrechte unmittelbar mit einer Beschwerde an den Gerichtshof wenden (Individualbeschwerde). Daneben können auch die einzelnen Mitgliedstaaten wegen einer Verletzung der Konvention durch einen anderen Mitgliedstaat den Gerichtshof anrufen (Staatenbeschwerde).

Ist die Beschwerde zulässig, folgt ein kontradiktorisches Verfahren, an dem die Vertreter der Parteien beteiligt sind, sowie eine objektive Untersuchung. Anschließend fertigt die Kommission einen Bericht darüber an, ob der Mitgliedsstaat die EMRK verletzt hat. Die Staaten sind **verpflichtet, aus dem Urteil Konsequenzen zu ziehen** und den Eingriff rückgängig zu machen bzw. eine Entschädigung zu zahlen.

Dies kommt zumindest in Deutschland sehr selten vor, da das GG einen höheren Grundrechtsschutz aufweist als die EMRK. Allerdings ist die teilweise zu lange Verfahrensdauer vor deutschen Gerichten Gegenstand einiger Entscheidungen der Europäischen Menschenrechtskommission gewesen. Die EMRK steht in ihrem **Rang** unter den Grundrechten, aber vor dem einfachen Gesetzesrecht.

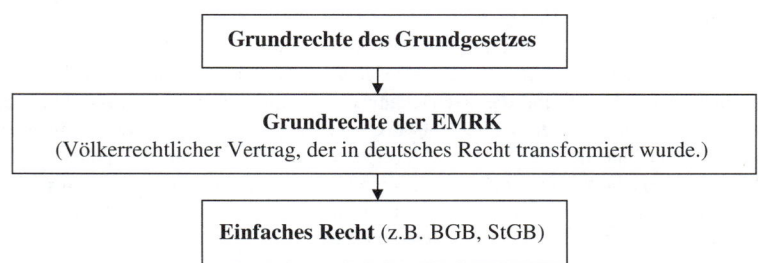

Grundrechte des Grundgesetzes

Grundrechte der EMRK
(Völkerrechtlicher Vertrag, der in deutsches Recht transformiert wurde.)

Einfaches Recht (z.B. BGB, StGB)

EU - Grundrechtecharta

Die Europäische Union (EU), bestehend aus den drei Zusammenschlüssen „Europäische Gemeinschaften", „Gemeinsame Außen- und Sicherheitspolitik" sowie „Polizeiliche und justitielle Zusammenarbeit in Strafsachen" (sog. drei Säulen), verfügt über eine **unverbindliche** Grundrechtecharta. Sie wird aber als **privilegierte Rechtserkenntnisquelle** vor dem Europäischen Gerichtshof **anerkannt**.

Mit der Charta sind die Grundrechte erstmals umfassend schriftlich und in einer verständlichen Form niedergelegt. Die Charta wurde ursprünglich vom ersten europäischen Konvent unter dem Vorsitz von Roman Herzog erarbeitet. Sie wurde anschließend von einer Reihe von Organen, unter anderem dem Europaparlament und dem Rat der Europäischen Union gebilligt und zur Eröffnung der Regierungskonferenz von Nizza am 7. Dezember 2000 von den Staats- und Regierungschefs feierlich proklamiert – und ist mit dem Vertrag von Lissabon in Kraft getreten (F.A.Z. vom 15. Mai **2010**: „Neue Grundrechte für Bundesbürger").

Die Grundrechtecharta gilt jetzt für alle Organe der EU sowie für die Mitgliedsstaaten; allerdings nur, wenn diese Europarecht umsetzen.

Die Charta bildet Teil II des Europäischen Verfassungsvertrages, wie er am 29. Oktober 2004 unterzeichnet wurde und 2007 in Kraft treten sollte. Nachdem die Ratifizierung der Verfassung gescheitert ist, soll nun der Vertrag von Lissabon die europäische Einigung voranbringen. **Die Grundrechtecharta ist nicht mehr Teil des Vertrags.** Durch einen **Verweis** ist sie jedoch für alle Staaten, ausgenommen Großbritannien, Tschechien und Polen, **für bindend** erklärt worden.

Als notwendig wurde die Ausarbeitung einer Charta in den letzten Jahren betrachtet, da die Gemeinschaftsorgane immer häufiger durch EG-Verordnungen und EG-Richtlinien in die Rechtspositionen der Bürger eingreifen. Dagegen kann jeder vor dem **Europäischen Gerichtshof (EuGH)** klagen. Zuerst hatte sich das BVerfG eine Überprüfung von europäischen Rechtsakten vorbehalten, „solange das Gemeinschaftsrecht keinen dem deutschen Grundrechtestandard vergleichbaren Grundrechtskatalog etabliert hat" (**Solange I** – Entscheidung: BVerfGE 37, 271/285). Inzwischen sieht das BVerfG einen europäischen Grundrechteschutz als gegeben an und überprüft die Rechtsakte der Gemeinschaftsorgane nicht mehr (**Solange II** – Entscheidung: BVerfGE 73, 339/378ff.).

Zufrieden gestellt wurde das BVerfG durch die Entwicklung eigener Grundrechtestandards seitens des EuGH. Der EuGH bildete diese in seiner **Rechtsprechung** aus und lehnte sich dabei an die gemeinsamen Verfassungsüberlieferungen der Länder und die EMRK an. Inzwischen verweist der AEUV in Art. 218 auch ausdrücklich auf die EMRK.

V. Grundrechte in Landesverfassungen

Neben dem Grundgesetz gewährleisten auch die 16 Landesverfassungen Grundrechte. So heißt es in der Verfassung des Landes Berlin:

> „Artikel 6: Die Würde des Menschen ist unantastbar. Sie zu achten und zu schützen ist Verpflichtung aller staatlichen Gewalt."

Dies ist wortwörtlich von Art. 1 GG übernommen. Auch sonst liegt weitgehend eine Identität von Grundrechten im GG und in den Landesverfassungen vor. Beide Normen schützen dann ein und dasselbe Grundrecht. Deshalb sind landesrechtliche Grundrechte in der Regel nicht gesondert zu prüfen.

V. Einteilung und Funktionen der Grundrechte

Die Grundrechte lassen sich in drei Kategorien einteilen. Diese Kategorien sind nicht nur für das Verständnis wichtig, sondern auch für die Prüfungsreihenfolge in Klausuren. Unterschieden wird nach dem geschützten Rechtsgut.

1. Freiheitsrechte

Die größte Zahl der Grundrechte sind Freiheitsrechte. Sie garantieren Bürgern einen Handlungsbereich, in den der Staat gar nicht oder nur mit guter Begründung eingreifen darf. Eingriffe des Staates können z.B. durch Gesetz erfolgen. Auffanggrundrecht ist Art. 2 I.

2. Gleichheitsrechte

Gleichheitsrechte schützen nicht einen Handlungsbereich, sondern garantieren, dass der Staat seine Bürger gleich behandelt bzw. nur dann ungleich behandelt, wenn er eine gute Begründung dafür hat (juristisch heißt das dann: wenn es einen „sachlichen" Differenzierungsgrund" gibt).

Der allgemeine Gleichheitsgrundsatz findet sich in Art. 3 I.

3. Verfahrensrechte

Verfahrensgrundrechte gewähren den Zugang zu den Gerichten und garantieren die Beachtung rechtsstaatlicher Grundsätze beim Gerichtsverfahren. Dazu Art. 19 IV, 101, 103.

Einteilung der Grundrechte

Freiheits-grundrechte	Gleichheits-grundrechte	Verfahrens-grundrechte
Garantierter Handlungsbereich für die Bürger	**Garantie der Gleichbehandlung aller Bürger durch den Staat**	**Garantie auf effektiven Rechtsschutz**
Art. 4: Glaubens- und Bekenntnisfreiheit	Art. 3 II: Gleichberechtigung von Mann und Frau	Art. 19 IV: Zugang zu den Gerichten
Art. 5: Meinungs- und Pressefreiheit, Freiheit der Kunst und der Wissenschaft	Art. 3 III: Verbot der Ungleichbehandlung wegen Geschlecht, Abstammung, Rasse, Sprache, Heimat und Herkunft, Glauben, religiöser und politischer Anschauungen, Behinderung	Art. 101: Verbot von Ausnahmegerichten
Art. 8: Versammlungsfreiheit		Art. 103: Grundrechte des Angeklagten
Art. 9: Vereinigungsfreiheit		
Art. 10: Brief- und Fernmeldegeheimnis		
Art. 11: Freizügigkeit	Art. 6 V: Gleichstellung der nichtehelichen Kinder mit den ehelichen	
Art. 12: Berufsfreiheit		
Art. 13: Unverletzlichkeit der Wohnung	Art. 33 I - III: Staatsbürgerliche Gleichstellung aller Deutschen	
Art. 14: Recht auf Eigentum und Erbrecht	Art. 38 I: Wahlrechtsgleichheit	
Art. 2: Allgemeine Handlungsfreiheit	**Art. 3 I: Allgemeines Gleichheitsgrundrecht** („Alle Menschen sind vor dem Gesetz gleich")	

Funktionen der Grundrechte

Die Grundrechte haben verschiedene Funktionen:

1. Subjektive Rechte

a) Abwehrrechte („status negativus"): Zuerst stellen die Grundrechte Abwehrrechte des Bürgers gegen staatliche Eingriffe dar. Der Bürger kann verlangen, dass ein Eingriff in seinen Freiheitsbereich unterlassen und/oder beseitigt wird.

> Beispiele: Art. 2 I schützt die allgemeine Handlungsfreiheit, das allgemeine Persönlichkeitsrecht und das Recht auf informationelle Selbstbestimmung (Datenschutz), Art. 5 I schützt u.a. die Meinungsfreiheit, Art. 12 die Berufswahl und Berufsausübung.

b) Leistungsrechte („status positivus"): Einige Grundrechte sind als Leistungs- bzw. Teilhaberechte ausgestaltet. Der Bürger hat also einen Anspruch. Jedoch ergibt sich das nur aus dem Wortlaut ganz weniger Grundrechte.

> Beispiele: Art. 1 I 2 gewährt einen Anspruch auf Menschenwürde, Art. 6 IV schützt die Mutter, nach Art. 6 V haben nichteheliche Kinder einen Anspruch auf Gleichstellung mit ehelichen, Art. 17 gewährt das Petitionsrecht.

c) Mitwirkungsrechte („status activus"): Schließlich gewähren Grundrechte auch das Recht auf Mitwirkung im demokratischen Staat.

> Beispiel: Art. 38 II gewährt aktives und passives Wahlrecht, nach Art. 33 II hat jeder Deutsche nach seiner Eignung, Befähigung und fachlicher Leistung gleichen Zugang zu jedem öffentlichen Amt.

d) Gleichheitsrechte: Zuletzt garantieren die Grundrechte auch, dass der Staat Gleiches gleich und Ungleiches ungleich behandelt. Ausnahmen davon sind nur bei zulässigen Differenzierungskriterien möglich.

> Beispiele: Art. 3 I als allgemeiner Gleichheitssatz und besondere Gleichheitssätze in Art. 3 II, III, 6 V, 33 I – III, 38.

2. Objektive Wertordnung

Das BVerfG erkennt seit seinem Lüth-Urteil (E 7, 198ff.) in den Grundrechten nicht nur subjektive Rechte, sondern auch objektive Wertentscheidungen an. Deshalb muss der Staat die Grundrechte bei all seinen Entscheidungen berücksichtigen. Er hat auch eine Verpflichtung, sich schützend vor die Grundrechte zu stellen (**staatliche Schutzpflicht**).

Weiterhin gelten Grundrechte in manchen Fällen auch **zwischen Privaten**. Damit haben die Grundrechte aufgrund ihrer objektiven Prinzipien eine Ausstrahlungswirkung auf das Zivilrecht. Siehe dazu das Kapitel „**Drittwirkung** von Grundrechten".

3. Garantie von Institutionen

Weiterhin garantieren die Grundrechte auch bestimmte Rechtseinrichtungen. Deshalb ist der Staat verpflichtet, die Ausübung dieser Grundrechte zu fördern bzw. solche Rechtseinrichtungen zu schaffen.

Darunter fallen als **Institutsgarantien** (= Einrichtungen des Privatrechts) u.a.:
* Privatautonomie und Vertragsfreiheit, Art. 2 I,
* Ehe und Familie, Art. 6 I,
* Eigentum und Erbrecht, Art. 14 I.

Aufgabe des Staates ist es, das Privatrecht so zu gestalten, dass diese Institute bestehen können. Geschehen ist dies durch das Bürgerliche Gesetzbuch.

Weiterhin garantieren Grundrechte aber auch **institutionelle Garantien** (= Rechtsinstitute des öffentlichen Rechts), u.a.:
* Religionsunterricht an öffentlichen Schulen, Art. 7 III 1,
* Berufsbeamtentum, Art. 33 V,
* Gemeinden, Art. 28 II.

Diese Rechtsinstitute können folglich nicht durch den einfachen Gesetzgeber abgeschafft werden.

4. Grundrechtsschutz durch Verfahren

Auch umfassen die Grundrechte nach Meinung des BVerfG die Garantie, dass sich der Bürger auf sie berufen kann. Das muss in einem geregelten Verfahren geschehen können. Nur durch ein solches Verfahren (z.B. die Verfassungsbeschwerde) kann eine im Einzelfall sachlich und rechtlich einwandfreie Entscheidung gewährleistet werden.

VI. Wer kann sich auf Grundrechte berufen?

Die Grundrechte sind Gewährleistungen im Staat-Bürger-Verhältnis. Dabei ist der Bürger derjenige, der sich auf die Grundrechte berufen kann. Diese im Grundsatz klare Zuweisung bedarf allerdings noch in mehrfacher Hinsicht der Präzisierung:

Deutschen- und Jedermanngrundrechte

Einige Grundrechte schützen alle Menschen, die sich auf dem Territorium der Bundesrepublik aufhalten. Andere gewähren ihren Schutz nur Deutschen. Es gilt: Die Grundrechte gelten für alle Menschen, solange sie nicht in ihrem Wortlaut auf Deutsche beschränkt sind. Wer Deutscher ist, regelt Art. 116.

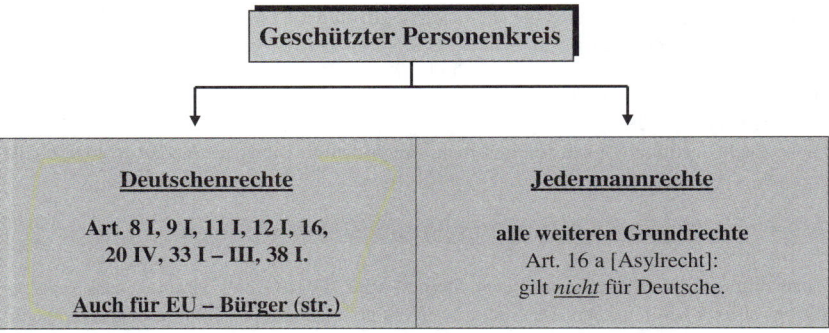

Geschützter Personenkreis

Deutschenrechte

Art. 8 I, 9 I, 11 I, 12 I, 16, 20 IV, 33 I – III, 38 I.

Auch für EU – Bürger (str.)

Jedermannrechte

alle weiteren Grundrechte
Art. 16 a [Asylrecht]:
gilt *nicht* für Deutsche.

Die Beschränkung des Art. 8 (Versammlungsfreiheit) oder Art. 12 I (Berufsfreiheit) auf Deutsche bedeutet nicht, dass sich Ausländer nicht versammeln oder ihren Beruf nicht frei wählen dürfen. Es fehlt lediglich der spezielle Schutz durch die betreffenden Grundrechte. Den Ausländern steht jedoch aufgrund des **„Auffanggrundrechtes" von Art. 2 I** auch die Versammlungs- oder Berufsfreiheit zu – nur nicht ganz so grenzenlos wie es Art. 8 oder Art. 12 für Deutsche tun.

Umstritten ist, ob sich die **EU-Bürger** auf die Deutschengrundrechte berufen können. Dafür spricht das **Diskriminierungsverbot in Art. 18 AEUV.** Diese Vorschrift ordnet eine Gleichstellung aller EU-Bürger an und fordert für diese das gleiche Schutzniveau innerhalb der Gemeinschaft. Gegen eine Anwendung spricht der Wortlaut des Grundgesetzes. Jedoch konnten die Mütter und Väter des Grundgesetzes nichts vom Zusammenschluss in einem vereinten Europa ahnen. Aus heutiger Sicht ist daher auch EG-Bürgern der Schutz der Deutschengrundrechte zuzubilligen.

Für die Praxis hat das aber keine großen Auswirkungen, da Art. 2 I bereits ein weites Schutzniveau garantiert.

Vor der Geburt und nach dem Tod

Grundrechtsfähig sind grundsätzlich geborene Menschen, die noch leben. Tote haben keine Meinung und Ungeborene können sich nicht wählen lassen. Jedoch gibt es einige Vor- und Nachwirkungen der Grundrechte:

- Ungeborene genießen den **Schutz des Lebens** (BVerfGE 88, 203). Dieser Schutz beginnt mit der Nidation (ca. 14 Tage nach der Empfängnis; a.A.: ab Empfängnis).
- Tote genießen den **Ehrenschutz** (Mephisto-Fall: BVerfGE 30, 173). Dieser „postmortale Persönlichkeitsschutz" verblasst indessen mit Zeitablauf.

Juristische Personen

Die Grundrechte gelten auch für juristische Personen, z.B. eine GmbH oder eine Aktiengesellschaft, „soweit sie ihrem Wesen nach auf diese anwendbar sind" (Art. 19 III). Dies gilt für alle juristischen Personen des **Privatrechts**.

Fraglich ist aber, ob dies auch für juristische Personen des **öffentlichen Rechts** gilt, also z.B. den Staat. Die überwiegende Ansicht lehnt eine Anwendung mit dem Argument ab, dass der Staat nicht gleichzeitig Grundrechte gewähren und sich selbst darauf berufen kann. Ausgenommen seien allein die Verfahrensgrundrechte.

Eine weitere Ausnahme gilt, wenn juristische Personen des öffentlichen Rechts unmittelbar zu dem durch das Grundrecht geschützten Bereich gehören. Dazu muss eine grundrechtstypische Gefährdungslage gegeben sein. Anerkannt ist dies in drei Fällen:

Ausnahmen für eine Grundrechtsfähigkeit juristischer Personen		
Rundfunkanstalten (ARD, ZDF) für die Rundfunkfreiheit in Art. 5 I 2	Universitäten bzw. Fakultäten auf die Wissenschaftsfreiheit in Art. 5 III 1	Religionsgemeinschaften und Kirchen auf Art. 4 I, 140

Ein Problem für Fortgeschrittene: Umstritten ist die Grundrechtsfähigkeit **gemischtwirtschaftlicher Unternehmen**, also privatrechtlicher Unternehmen, die sich zum Teil im Eigentum der öffentlichen Hand befinden (auch Public Private Partnership). Nach Ansicht des BVerfG kommt es auf den Einzelfall an: Wie viel Einfluss hat der Hoheitsträger auf die Gesellschaft? In Fällen der Daseinsvorsorge wie dem öffentlichen Nahverkehr sei der Einfluss so groß, dass keine Grundrechtsfähigkeit gegeben ist. Dagegen spricht sich die hL aus, da so die Rechte der Minderheitengesellschafter zu stark beschnitten würden.

VII. Drittwirkung von Grundrechten

Grundrechte verpflichten den Staat. Zwischen Privatpersonen können sie grundsätzlich nicht geltend gemacht werden. Eine Ausnahme gilt nur gemäß Art. 9 III 2 für die Koalitionsfreiheit: So darf der Arbeitgeber die Freiheit seiner Arbeitnehmer zum Eintritt in eine Gewerkschaft nicht beeinträchtigen, z.b. durch Drohung mit Kündigung. Jedoch entwickeln Grundrechte auch darüber hinaus eine **Ausstrahlungswirkung** auf privatrechtliche Beziehungen (sog. Drittwirkung). Wie macht sich diese Drittwirkung bemerkbar?

Anknüpfungspunkt hierfür ist die **grundrechtsgebundene Tätigkeit des Richters**. Wenn ein Richter z.b. über die Gültigkeit eines Kaufvertrages oder über Rechte und Pflichten aus einem Dienstvertrag zu entscheiden hat, übt er Staatsgewalt aus. Das führt dazu, dass er bei der Auslegung von BGB-Normen grundrechtliche Wertungen berücksichtigen muss. Einfallstore für eine solche Berücksichtigung sind u.a. §§ 138, 826:

> **§ 138 BGB:** „(1) Ein Rechtsgeschäft, das gegen die guten Sitten verstößt, ist nichtig. (2) Nichtig ist insbesondere ein Rechtsgeschäft, durch das jemand unter Ausbeutung der Zwangslage, der Unerfahrenheit, des Mangels an Urteilsvermögen oder der erheblichen Willensschwäche eines anderen sich oder einem Dritten für eine Leistung Vermögensvorteile versprechen oder gewähren lässt, die in einem auffälligen Missverhältnis zu der Leistung stehen."
>
> **§ 826 BGB:** „Wer in einer gegen die guten Sitten verstoßenden Weise einem anderen vorsätzlich Schaden zufügt, ist dem anderen zum Ersatze des Schadens verpflichtet."

Ein privatrechtlicher Vertrag ist gemäß § 138 BGB sittenwidrig und nichtig, wenn er gegen eine grundrechtliche Wertentscheidung verstößt. Auch bei der Auslegung von §§ 826, 242 (Treu und Glauben) BGB sind die grundrechtlichen Wertentscheidungen einzubeziehen.

> **Beispiel:** Ein Verbot durch den Vermieter, Parabolantennen anzubringen, verstößt wegen Art. 5 III dann gegen § 242 BGB, wenn keine Gemeinschaftsantenne bzw. ein Kabelanschluss zur Verfügung steht. Gleiches gilt, wenn das im Kabel verfügbare Programm für den Mieter nicht nutzbar ist (BVerfGE 90, 27: türkischsprachige Programme für türkische Mieter).

Drittwirkung im Prüfungsaufbau der Verfassungsbeschwerde:
Es empfiehlt sich, das Problem der Drittwirkung – falls es überhaupt einschlägig ist – im Rahmen der Beschwerdebefugnis gemäß § 90 I BVerfGG anzusprechen. Keine Beschwerdebefugnis liegt vor, wenn der Kläger lediglich ein zivilgerichtliches (letztinstanzliches) Urteil für falsch hält und darin einen Eingriff in Art. 2 I sieht. Das BVerfG darf nicht zur „Super-Revisionsinstanz" werden. Deshalb ist Beschwerdebefugnis nur gegeben, wenn das Zivilgericht grundrechtliche Wertungen verkannt oder eine notwendige Abwägung nicht vorgenommen hat. Siehe auch Kapitel 2.

Wiederholungsfragen zur Einführung

1. Wo finden sich Grundrechte im Grundgesetz?

Im Grundrechtskatalog: Art. 1 – 19; grundrechtsgleiche Rechte in Art. 20 IV, 33, 38, 101, 103, 104.

2. Nenne die wichtigste Funktion der Grundrechte!

Begrenzung von Staatsgewalt.

3. Wann und wo wurde die erste Grundrechteerklärung formuliert?

1776 in Virginia, heute USA (Virginia Bill of Rights).

4. Was besagt Art. 1 S. 1 der Französischen Menschenrechtsdeklaration von 1789?

Die Menschen sind und bleiben von Geburt an frei und gleich an Rechten.

5. Welche deutsche Verfassung, die in Kraft trat, kannte erstmals Grundrechte?

Weimarer Reichsverfassung (WRV) von 1919.

6. Worin lag der Makel der WRV?

Grundrechte gelten nur im Rahmen der einfachen Gesetze.

7. Was ist heute anders?

Gesetze gelten nur im Rahmen der Grundrechte (Art. 20 III).

8. Zu welchen Zeiten im 20. Jahrhundert galten keine Grundrechte?

NS-Diktatur (1933-45) und SED-Diktatur in der DDR (1949-89).

9. In welchen Staaten gilt die EMRK und soll die EU-Grundrechtecharta gelten?

EMRK: In den 47 Staaten des Europarates, EU-Grundrechtecharta: In den 27 Staaten der Europäischen Union.

10. Welchen Rang hat die EMRK im bundesdeutschen Rechtsgefüge?

Sie steht unter der Verfassung, aber über dem einfachen Recht.

11. Seit wann gilt die EU-Grundrechtecharta?

Gar nicht, geplant ist aber durch Verweis (außer in Großbritannien und Polen).

12. Was besagt das Solange II-Urteil des BVerfG?

Es gibt einen mit dem GG vergleichbaren Grundrechtsschutz in Europa.

13. In welche drei Gruppen werden die Grundrechte eingeteilt?

1. Freiheitsrechte,
2. Gleichheitsrechte,
3. Verfahrensrechte.

14. Nenne die Gleichheitsrechte!

Art. 3 I, II, III, 6 V, 33 I – III, 38 I.

15.	Welche Funktionen haben die Grundrechte?	1. Subjektive Rechte, 2. Objektive Wertordnung, 3. Garantie von Institutionen, 4. Grundrechtsschutz durch Verfahren.
16.	Nenne die subjektiven Rechte im einzelnen!	1. Abwehrrechte (status negativus), 2. Leistungsrechte (status positivus), 3. Mitwirkungsrechte (status activus), 4. Gleichheitsrechte.
17.	Was bedeutet „status activus"?	Die Grundrechte gewähren das Recht auf Mitwirkung im demokratischen Staat.
18.	Seit welchem berühmten Urteil sieht das BVerfG in den Grundrechten auch eine objektive Wertordnung?	Lüth – Urteil (BVerfGE 7, 198ff.).
19.	Was ist der Unterschied zwischen Institutsgarantien und institutionellen Garantien?	Durch Institutsgarantien werden Einrichtungen des Privatrechts garantiert, z.B. Privatautonomie (Art. 2 I) oder Ehe und Familie (Art. 6 I). Institutionelle Garantien betreffen Rechtsinstitute des öffentlichen Rechts, z.B. das Berufsbeamtentum (Art. 33 V).
20.	Können sich auch EU-Bürger auf die Deutschengrundrechte berufen?	Das ist umstritten; nach richtiger Ansicht können sie das wegen des Diskriminierungsverbotes in Art. 18 I AEUV.
21.	Welchen Schutz genießen Ungeborene?	Den Schutz des Lebens (ab der Nidation, also ca. 14 Tage nach der Empfängnis; a.A. ab Empfängnis).
22.	Sind juristische Personen des Privatrechts grundrechtsfähig?	Soweit die Grundrechte ihrem Wesen nach auf diese anwendbar sind, Art. 19 III.
23.	Wie steht es mit juristischen Personen des Öffentlichen Rechts?	Grundsätzlich nicht. Ausnahmen: Rundfunkanstalten für Art. 5 I 2, Universitäten für Art. 5 III 1, Religionsgemeinschaften für Art. 4 I, 140.
24.	Durch welche Normen gelangen Grundrechte auch ins Privatrecht?	Durch Generalklauseln wie §§ 138, 242, 826 BGB.
25.	Wo wird das Problem der Drittwirkung im Prüfungsaufbau der Verfassungsbeschwerde angesprochen?	In der Beschwerdebefugnis nach § 90 I BVerfGG (freilich nur, wenn es problematisch ist).

2. Kapitel

Die Verfassungsbeschwerde

Jeder Bürger kann vor dem BVerfG eine Verfassungsbeschwerde einreichen, wenn er sich durch die öffentliche Gewalt in seinen Grundrechten oder grundrechtsgleichen Rechten verletzt sieht. Die Verfassungsbeschwerde kann per Post nach Karlsruhe geschickt werden (Adresse: Schlossbezirk 3, Postfach 1771, 76131 Karlsruhe).

Die Verfassungsbeschwerden machen mehr als 90% der Verfahren vor dem BVerfG aus; die allermeisten sind unzulässig oder unbegründet.

Allgemeines

Antragsberechtigt ist jedermann.

Das BVerfG kann

a) die Verfassungswidrigkeit eines Aktes der öffentlichen Gewalt feststellen,
b) ein Gesetz für nichtig erklären, oder
c) eine verfassungswidrige Entscheidung aufheben und die Sache an ein zuständiges Gericht zurückverweisen.

Andere Klageziele (z.B. Verfolgung von Schadensersatzansprüchen, Stellung von Strafanträgen u.ä.) können nicht eingereicht werden.

Das Verfahren vor dem BVerfG ist kostenfrei. Das BVerfG kann jedoch dem Beschwerdeführer eine Gebühr bis 2600 Euro (Stand: 2014) auferlegen, wenn die Einlegung der Verfassungsbeschwerde einen **Missbrauch** darstellt (§ 34 II BVerfGG). So hatte das Gericht vor kurzem einen Mann, der wegen eines Bußgeldbescheids über fünf Euro nach Karlsruhe zog, zu einer Missbrauchsgebühr von 200 Euro verurteilt. Er habe nicht vorgetragen, inwiefern seine Grundrechte verletzt sein könnten. Das Gericht müsse es nicht hinnehmen, dass es durch für jedermann erkennbar aussichtslose Verfassungsbeschwerden behindert werde, über grundsätzliche Verfassungsfragen zu entscheiden, hieß es in der Entscheidung (Aktenzeichen 2 BvR 161/09).

Prüfungsschritt 1: Zuständigkeit des BVerfG

Die Zuständigkeit des BVerfG ergibt sich aus Art. 93 I Nr. 4a, §§ 13 Nr. 8a, 90ff. BVerfGG.

Prüfungsschritt 2: Zulässigkeit

1. Beschwerdefähigkeit (= Parteifähigkeit, § 90 I BVerfGG)
Beschwerdefähig ist nach Art. 93 I Nr. 4a, § 90 I BVerfGG jedermann:
a) Natürliche Personen von Geburt bis Tod.
Ausnahmen: Lebensschutz ab Nidation, Ehrenschutz auch nach Tod.
b) Jedermann- und Deutschengrundrechte sind zu unterscheiden.
Ausländer können sich nicht auf Deutschengrundrechte berufen, aber auf Art. 2 I.
EU – Bürger können sich dagegen auf Deutschengrundrechte berufen (str.).
c) Juristische Personen des Privatrechts (z.B. GmbH, AG).
Wenn das Grundrecht seinem Wesen nach auf diese anwendbar ist, Art. 19 III.
d) Juristische Personen des Öffentlichen Rechts (z.B. Gemeinden, Universität).
Grundsätzlich nur bei Verfahrensgrundrechten.
Ausnahmen: Rundfunkanstalten für Art. 5 I 2, Universitäten und Fakultäten für Art.
5 III 1, Religionsgemeinschaften und Kirchen für Art. 4 I, 140.

2. Prozessfähigkeit
Fähigkeit, die Grundrechte prozessual geltend machen zu können = jeder, der
geschäftsfähig ist; bei Minderjährigen nach „Grundrechtsmündigkeit".
Entscheidend ist nach hM die individuelle Einsichts- und Entscheidungsfähigkeit.
Beachte zur Religionsfreiheit: Altersgrenzen von 12 und 14 Jahren im RelKErzG.

3. Beschwerdegegenstand (§ 90 I BVerfGG)
Beschwerdegegenstand ist der Akt der öffentlichen Gewalt, gegen den sich der
Beschwerdeführer wendet (Art. 93 I Nr. 4a, § 90 I BVerfGG). „Öffentliche Gewalt"
können Handlungen, Duldungen und Unterlassungen von Exekutive, Legislative
und Judikative sein. Bei mehreren Akten zur gleichen Sache (z.B. Verwaltungsakt,
Urteile) werden *gleichzeitig* alle Akte angegriffen.

4. Beschwerdebefugnis (ungeschriebene Zulässigkeitsvoraussetzung)
a) Möglichkeit der Grundrechtsverletzung
Die geltend gemachte Grundrechtsverletzung darf nicht von vornherein
ausgeschlossen sein.
b) Eigene, unmittelbare und gegenwärtige Beschwer
→ Eigen: Nur bei eigener Beschwer, keine Popularklage für andere.
→ Unmittelbar: Der angegriffene Akt muss ohne weiteren Zwischenakt, etwa einen
Verwaltungsakt, in den Rechtskreis des Beschwerdeführers eingreifen.
Ausnahme: Bei Gesetz kann nicht auf einen Vollzug gewartet werden, wenn dem
Beschwerdeführer strafrechtliche Sanktionen drohen.
→ Gegenwärtig: Der Eingriff muss zur Zeit stattfinden oder kurz bevorstehen.
Keine präventive Verfassungsbeschwerde für erwartete künftige Eingriffe, außer
wenn ein erwartetes Gesetz bereits jetzt zu nicht mehr korrigierbaren
Entscheidungen, z.B. zu finanziellen oder beruflichen Dispositionen, zwingt.
c) Zur Beschwerdebefugnis in Drittwirkungsfällen siehe Seite 12.

d) Bei einer <u>Verfassungsbeschwerde gegen ein Urteil</u> liegt Beschwerdebefugnis nur vor, wenn der Kläger geltend macht, das Gericht habe die Einstrahlungswirkung von speziellen Grundrechten verkannt oder eine Abwägung falsch vorgenommen. Beschwerdebefugnis liegt nicht vor, wenn der Kläger einfach nur mit dem Urteil unzufrieden ist und darin einen Eingriff in Art. 2 I sieht.

5. Erschöpfung des Rechtsweges (§ 90 II BVerfGG)

Die Verfassungsbeschwerde ist subsidiär, das heißt, der Beschwerdeführer muss <u>erst alle möglichen Gerichtsinstanzen durchlaufen</u> haben (§ 90 II BVerfGG; z.b. Anfechtung eines Verwaltungsaktes zuerst vor dem Verwaltungsgericht, OVG, BVerwG).

Ausnahmen: <u>Nicht erforderlich bei Beschwerden gegen ein Gesetz</u>, da es hier keinen Rechtsweg gibt. Ebenso nicht erforderlich, wenn der Gang durch die Instanzen nicht zugemutet werden kann oder bei „allgemeiner Bedeutung" (§ 90 II 2 BVerfGG).

6. Rechtsschutzbedürfnis

Es gibt keinen einfacheren oder billigeren Weg, das Ziel zu erreichen. In der Regel liegt ein Rechtsschutzbedürfnis vor!

7. Form und Frist (§§ 23 I, 92, 93 BVerfGG)

Die Verfassungsbeschwerde muss schriftlich erhoben und begründet werden (§§ 23 I, 92 BVerfGG). Dabei ist das Recht, das verletzt sein soll, zu nennen.
Bei der <u>Frist ist zu unterscheiden</u>:
a) Bei Beschwerden gegen Gesetz oder Hoheitsakt, gegen den ein Rechtsweg nicht offensteht, ein Jahr nach Verkündung, § 93 III BVerfGG.
b) Bei Beschwerden gegen sonstige Hoheitsakte (z.b. letztinstanzliches Urteil, Verwaltungsakt) ein Monat nach Zustellung oder Mitteilung der Entscheidung, § 93 I 1 BVerfGG.
Für die Fristberechnung gelten §§ 187, 188 BGB.

Bundestagsabgeordnete, die die Verletzung ihres Status aus Art. 38 I 2 (freies Mandat) **geltend machen**, müssen im Organstreitverfahren Rechtsschutz suchen. Lediglich nach Ausscheiden aus dem Bundestag ist wegen der Folgerechte, z.B. Altersversorgung, die Verfassungsbeschwerde statthaft.

Prüfungsschritt 3: Begründetheit

Die Verfassungsbeschwerde ist begründet, wenn der Beschwerdeführer durch den angegriffenen Akt der öffentlichen Gewalt in einem Grundrecht oder grundrechtsgleichen Recht verletzt ist. Ob diese Verletzung vorliegt, ist anhand der Grundrechtsprüfung festzustellen, siehe dazu Kapitel 3 und 6.

3. Kapitel

Prüfung der Freiheitsgrundrechte
(= Begründetheit der Verfassungsbeschwerde)

I. Schutzbereich

Zuerst ist zu prüfen, ob das Grundrecht jedem Bürger oder nur Deutschen und EU-Bürgern zusteht (**persönlicher Schutzbereich**).

Ist der persönliche Schutzbereich eröffnet, ist zu fragen, ob auch der **sachliche Schutzbereich** eröffnet ist.

> Beispiel: Art. 4 gewährleistet die Glaubens- und Gewissensfreiheit. Schutzbereich ist die „Freiheit des Glaubens, des Gewissens und die Freiheit des religiösen und weltanschaulichen Bekenntnisses".

Hier treten nun zwei Fragen auf:

1. Welche Handlungen fallen unter den Schutzbereich? Also: Was ist „Glaube" oder ein „religiöses Bekenntnis"? All das, was die christlichen Kirchen darunter verstehen? Oder das, was ein Gläubiger für sich in Anspruch nimmt? Oder was eine Sekte ihren Anhängern befiehlt?

Diese Fragen nach der *Eröffnung des Schutzbereichs* werden hinten im Skript unter den jeweiligen Grundrechten behandelt.

2. Was geschieht, wenn durch eine grundrechtlich geschützte Handlung die Grundrechte anderer angetastet werden? Darf der Anhänger einer Sekte sein Morgengebet auf dem Autobahnkreuz verrichten und damit kilometerlange Staus verursachen, die zu Unfällen führen können, bei denen Leute verletzt oder getötet werden?

Diese zweite Frage ist sehr spannend und das Herzstück der Materie zu den Grundrechten. In jedem Fall sind **Interessen abzuwägen**, hier konkret:

Interesse des Sekten-Anhängers auf ein Morgengebet (Glaubensfreiheit: Art. 4 I, ungestörte Religionsausübung: Art. 4 II)

Interesse der Autofahrer auf sichere Fahrt ohne Störungen und Unfälle (Allgemeine Handlungsfreiheit: Art. 2 I)

Das genannte Problem ist auf *abstrakter Ebene* nicht nur die zentrale Frage der Grundrechte, sondern auch die des gesamten Rechts.

Der Philosoph *Immanuel Kant* (1724 – 1804) schrieb in der Einleitung seiner Rechtslehre folgende berühmte Definition des Rechts:

> **„Das Recht ist ... der Inbegriff der Bedingungen, unter denen die Willkür des einen mit der Willkür des anderen nach einem allgemeinen Gesetze der Freiheit zusammen vereinigt werden kann."**
>
> [Willkür meint hier „Wahlfreiheit".]

Wir sehen: Die Grundrechte gewähren einen Schutzbereich, auf den sich der Bürger berufen kann. Wir sehen aber auch: Manchmal kollidieren die Schutzbereiche verschiedener Bürger. Dann muss abgewogen werden, wer in der jeweiligen Situation schutzwürdiger ist.

II. Eingriff

Die Definition des Eingriffs lautet:

> **Jede staatliche Hoheitsmaßnahme, die dem Einzelnen eine Handlung, die in seinen Schutzbereich fällt, erschwert oder verhindert.**

Die Ausübung eines Grundrechts ist also verletzt, wenn in nicht gerechtfertigter Weise in seinen Schutzbereich eingegriffen wird. Dieser Eingriff erfolgt durch den Staat.

Beispiel: Die Sektenanhänger auf der Straße werden von der Polizei des Platzes verwiesen.

Eingriffe des Staates können in *dreifacher Weise* erfolgen:

1. Durch eine Maßnahme der Verwaltung

In unserem Beispiel verweisen Polizeibeamte (= Teile der Verwaltung) die Sektenanhänger des Platzes. Diese Maßnahme ist ein Verwaltungsakt.

2. Durch ein Gesetz

Der Staat kann ein Gesetz erlassen, das ein Grundrecht einschränkt.

Beispiel: Ein Gesetz verbietet allen Glaubensgemeinschaften während ihrer rituellen Handlungen Tiere zu quälen.

3. Durch ein Urteil

Auch die Gerichtsurteile, die ein Richter spricht, können Eingriffe in Grundrechte sein.

Beispiel: Die Sektenanhänger klagen vor dem Verwaltungsgericht gegen die Maßnahme der Polizei. Das Gericht urteilt aber im Sinne der Verwaltung.

Liegen gleichzeitig **mehrere Eingriffe** vor (z.B. Verwaltungsakt, Urteile) kann der Beschwerdeführer mit <u>einer</u> Verfassungsbeschwerde gegen <u>alle</u> Eingriffe vorgehen.

III. Rechtfertigung des Eingriffs

Jeder Eingriff in den Schutzbereich eines Grundrechts *kann* **gerechtfertigt** sein. So ist der Platzverweis für die Sektenanhänger von der Autobahn ohne Frage ein Eingriff in das Grundrecht „Glaubens- und Gewissensfreiheit" (Art. 4). Es ist aber auch gerechtfertigt, da das Grundrecht vieler anderer auf Handlungsfreiheit (Art. 2 I) verletzt war.

Unter dem Punkt der „Rechtfertigung" ist also die oben bereits genannte **Abwägung** vorzunehmen.

Doch darf die Abwägung kein allgemeines Geschwafel über Philosophie und Politik, über Gott und die Welt sein.
Genau das aber ist der häufigste Fehler bei grundrechtlichen Arbeiten: Viele glauben, es reiche ein „Besinnungsaufsatz".

Gefragt ist aber ein juristisches Gutachten! Bei der Rechtfertigung hat man sich an Verfassungsnormen zu orientieren. Deshalb muss dieser dritte Punkt besser auch **„Verfassungsrechtliche Rechtfertigung"** heißen.

Im Überblick:

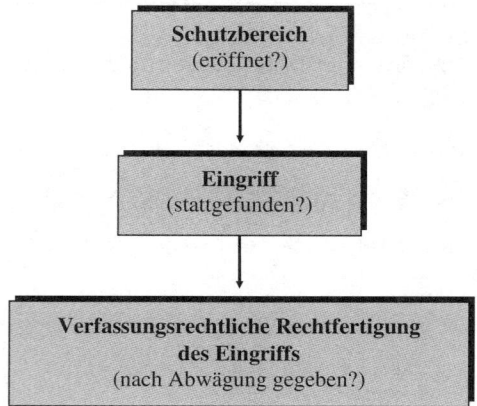

 Beachten Sie: Dies ist die **Grundstruktur einer Grundrechtsprüfung** bei **Freiheitsrechten**. Die Prüfung der Gleichheitsrechte (Art. 3, 33) erfolgt nach einem anderen Schema.

Der dritte Punkt, also die **Verfassungsrechtliche Rechtfertigung** muss noch etwas ausdifferenziert werden. Bei dieser Ausdifferenzierung wird unterschieden zwischen den **Eingriffstypen.**

Mögliche Eingriffe erfolgen durch:

1. **Gesetze** (z.B. Bundesgesetze, die vom Bundestag beschlossen wurden),
2. **Verwaltungshandeln** (z.B. hoheitliche Tätigkeit der Polizei),
3. **Urteile von Gerichten**.

Die Ausdifferenzierung wird vereinfacht durch die Tatsache, dass die Prüfung von Nr. 2 und 3 in gleicher Weise erfolgt.

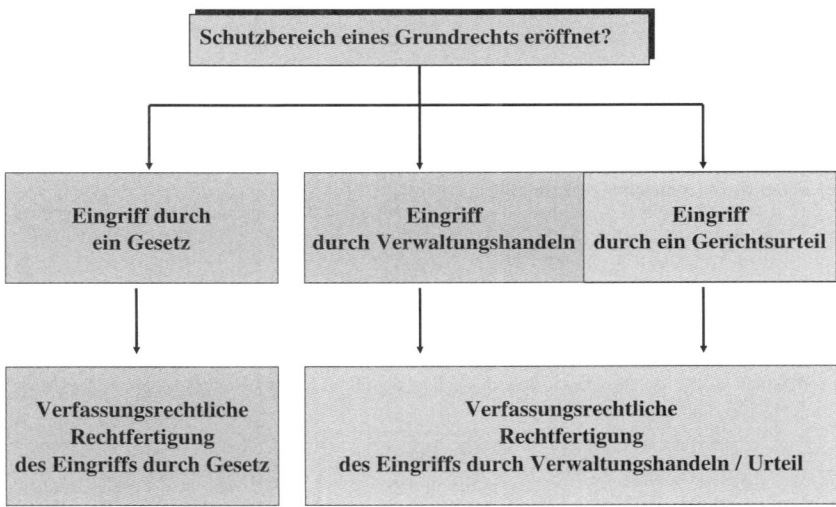

Bei jeder Grundrechtsprüfung ist dieser, nun ausdifferenzierte, „Dreischritt" von entscheidender Bedeutung.

1. Verfassungsrechtliche Rechtfertigung eines Gesetzes

Nicht selten ist nach der Verfassungsrechtlichen Rechtfertigung eines Gesetzes gefragt. So erlässt der Bundestag z.B. ein Gesetz, dass die Leugnung der Verbrechen der Nationalsozialisten unter Strafe stellt („Auschwitz - Lüge"). Darf er das, obwohl Art. 5 die Meinungsfreiheit garantiert? Bei der Prüfung sind die formelle und die materielle Rechtmäßigkeit des Gesetzes zu unterscheiden:

a) formelle Rechtmäßigkeit

Damit das Gesetz gerechtfertigt sein kann, muss es zuerst einmal formell rechtmäßig sein. Das bedeutet:

aa) Kompetenz:

Durfte der Gesetzgeber diese Frage überhaupt regeln?
   Beispiel: Der Bundestag verbietet die „Auschwitz - Lüge". Besitzt er für diese Regelung eine Kompetenz? Zur Erinnerung: Nach Art. 30, 70ff. sind die Länder für die Gesetzgebung zuständig. Der Bund darf nur dann etwas regeln, wenn sich im GG ein Kompetenztitel findet (siehe Richter-Skript „Staatsrecht I").

bb) Verfahren:

Wurde das Gesetzgebungsverfahren eingehalten?
   Beispiel: Wurde der Bundesrat ordnungsgemäß beteiligt? Hat der Bundespräsident das Gesetz ausgefertigt? Vgl. Art. 76ff.

cc) Form:

Wurden die Formvorschriften eingehalten?
   Beispiel: Hat der Gesetzgeber das Zitiergebot in Art. 19 I 2 beachtet? Das Zitiergebot hat eine Warn- und Besinnungsfunktion: Greift der Gesetzgeber in Grundrechte ein, soll er das auch deutlich machen müssen. Allerdings gilt das Zitiergebot nur für Gesetze, die aufgrund eines grundrechtlichen Gesetzesvorbehaltes ergehen sollen (also z.B. nicht für Art. 4 III 1, 6 I, 14 I).

b) materielle Rechtmäßigkeit

Weiterhin muss das Gesetz auch materiell rechtmäßig sein, d.h.: der Eingriff in das Grundrecht bedarf einer zulässigen Grundlage in der Verfassung. Diese Grundlage bildet die **Schranke** des Grundrechts. Damit wird das Grundrecht durch andere Grundrechte oder Verfassungsbestimmungen begrenzt. Für diese Begrenzung gibt es vier Typen von Schranken, die sogleich vorgestellt werden.

Je nach Typ kann ein Grundrecht einfacher oder schwieriger begrenzt werden.

aa) Schranken

Bei jedem Grundrecht ist eine der folgenden vier Begrenzungen (= Schranken) gegeben:

aaa) Verfassungsunmittelbare Schranke:

Beispiel: Die Vereinsfreiheit wird in Art. 9 I garantiert. Doch besagt Art. 9 II: „Vereinigungen, deren Zwecke oder deren Tätigkeit den Strafgesetzen zuwiderlaufen oder die sich gegen die verfassungsmäßige Ordnung oder gegen den Gedanken der Völkerverständigung richten, sind verboten."

Dieses Beispiel zeigt eine Verfassungsnorm als Schranke eines Grundrechts (= verfassungsunmittelbare Schranke). Ein Gesetz, das verfassungsfeindliche Vereine verbietet, ist also ein verfassungsrechtlich gerechtfertigter Grundrechtseingriff. Denn diese Vereine können sich nicht auf Art. 9 I berufen.

bbb) Einfacher Gesetzesvorbehalt:

Beispiel: Versammlungen unter freiem Himmel können nach Art. 8 II durch oder auf Grund eines Gesetzes (= durch Verwaltungsakt aufgrund eines Gesetzes) beschränkt werden.

Hier handelt es sich um einen einfachen Gesetzesvorbehalt. Einen solchen haben Grundrechte, die ihrem Wortlaut nach für Eingriffe lediglich verlangen, dass sie „durch Gesetz oder aufgrund eines Gesetzes" erfolgen. Der einfache Gesetzesvorbehalt stellt an das eingreifende Gesetz keine besonderen Anforderungen.

Hinweis: Auch wenn der Wortlaut nur eine Einschränkung „durch Gesetz" ermöglicht, sind auch Einschränkungen „auf Grund eines Gesetzes" (durch Verwaltungsakt) möglich.

ccc) Qualifizierter Gesetzesvorbehalt:

Beispiel: Die Meinungsfreiheit wird in Art. 5 I gewährleistet. Eine Einschränkung findet sich allerdings in Art. 5 II: „Diese Rechte finden ihre Schranken in den Vorschriften der allgemeinen Gesetze, den gesetzlichen Bestimmungen zum Schutze der Jugend und in dem Recht der persönlichen Ehre."

Dieses Beispiel zeigt einen qualifizierten Gesetzesvorbehalt. Konkret: In das Grundrecht der Meinungsfreiheit darf durch oder aufgrund eines Gesetzes eingegriffen werden, wenn das einschränkende Gesetz an bestimmte Situationen anknüpft, bestimmten Zwecken dient oder bestimmte Mittel benutzt.

So kann die Meinungsfreiheit aus Art. 5 I nur durch *allgemeine* Gesetze eingeschränkt werden. „Allgemein" im Sinne von Art. 5 II Var. 1 heißt: Es kommen nur Gesetze in Betracht, die sich nicht gegen die Äußerung einer Meinung schlechthin als solche richten, sondern die vielmehr einem zu schützenden Rechtsgut dienen – ohne Rücksicht darauf, ob dadurch auch Meinungen eingeschränkt werden.

ddd) **Verfassungsimmanente Schranke:**

Beispiel: Die Glaubensfreiheit wird in Art. 4 I und 4 II gewährt. Es findet sich weder eine verfassungsunmittelbare Schranke noch ein einfacher / qualifizierter Gesetzesvorbehalt. Gilt die Glaubensfreiheit also unbeschränkt? Wäre jedes Gesetz von vornherein unzulässig?

Dieses Beispiel zeigt ein Grundrecht, das erst einmal als uneinschränkbar erscheint. Doch gibt es auch für die Glaubensfreiheit Schranken - sogenannte „verfassungs-immanente Schranken." Das können sein: Grundrechte Dritter (z.b. die allgemeine Handlungsfreiheit aus Art. 2 I) oder andere wichtige Verfassungsgüter (z.b. die Freiheitlich - Demokratische Grundordnung). Die gegenläufigen Verfassungsgüter müssen im Wege einer praktischen Konkordanz gegeneinander abgewogen werden.

Folglich haben die Grundrechte Schranken. Deshalb darf der Gesetzgeber in sie eingreifen. Fraglich aber ist, <u>wie weit</u> diese Eingriffe zulässig sein. Grundsätzlich gilt: Zulässig sind Eingriffe, wenn sie „verhältnismäßig" sind. Das ist sodann bei den „Schranken der Schranken" zu prüfen: Die Verhältnismäßigkeit ist eine Schranke für das eingreifende Gesetz, welches bereits selber eine Schranke (für das Grundrecht) darstellt.

bb) Schranken - Schranken

Der Gesetzgeber darf grundsätzlich in Grundrechte eingreifen. Sein Handeln ist gerechtfertigt, wenn im Einzelfall eine Schranke des Grundrechts vorliegt. **Aber:** Könnte der Gesetzgeber bei jedem Vorliegen einer Schranke die Grundrechte nach Belieben einschränken, hätten diese ihre Wirkung bald verloren. Deshalb muss jedes einschränkende Gesetz „verhältnismäßig" sein.

Beispiel: Der Bundestag beschließt ein Gesetz, wonach Besuche des Berliner Regierungsviertels vorab zu genehmigen sind. In der Begründung heißt es, der Eingriff in die Meinungsfreiheit eventueller Demonstranten sei gerechtfertigt, denn man dürfe die Meinungsfreiheit durch allgemeine Gesetze einschränken, wie Art. 5 II erlaube.

Dass dieses Gesetz nicht verhältnismäßig ist, sagt schon das Gefühl. Aber wie wird das juristisch geprüft?

aaa) **Verhältnismäßigkeit**

Die **Verhältnismäßigkeit** des Gesetzes ist in vier Schritten zu prüfen:

(1) **Legitimer öffentlicher Zweck**. Ein solcher muss vorliegen. Das ist in der Regel das „Wohl der Allgemeinheit". Dies ist eigentlich immer gegeben.

(2) **Geeignetheit**. Wenn die Erreichung des Ziels theoretisch möglich ist, ist das Gesetz geeignet. Der Gesetzgeber besitzt hier einen Prognose-Spielraum. Deshalb ist jedes Gesetz in der Regel geeignet.

(3) **Erforderlichkeit.** Das Gesetz ist erforderlich, wenn es kein milderes Mittel gibt, das den gleichen Erfolg bringen würde. Dies kann manchmal schon fraglich sein. Oft können wir aber nicht wissen, ob es ein milderes Mittel gibt, das wirklich den gleichen Erfolg zeitigen würde.

(4) **Angemessenheit** („Verhältnismäßigkeit im engeren Sinne"). Das Ziel des Gesetzes darf nicht außer Verhältnis zur Intensität des Eingriffs stehen. Es muss also eine Güterabwägung stattfinden, z.b. zwischen den Grundrechten der Sektenanhänger und den Grundrechten der Verkehrsteilnehmer in den Beispielen oben.

 In den meisten Grundrechtsprüfungen liegt der Schwerpunkt auf diesem Punkt der „Angemessenheit". Hier ist eigene Abwägungstechnik gefragt!

Die einzelnen Argumente dazu erschließen sich aus dem Sachverhalt und der Auslegung der betroffenen Grundrechte. Manchmal ist auch gesunder Menschenverstand gefragt. Insofern hilft die regelmäßige Lektüre einer guten Tageszeitung. Freilich darf der Sachverhalt nicht „gequetscht" werden: Was nicht drinsteht, darf nicht hinzugedacht werden. Eine Ausnahme gilt nur für die Form- und Fristvorschriften, deren Einhaltung bei fehlenden Angaben unterstellt werden kann.

---

bbb) **Artikel 19**

Neben der Verhältnismäßigkeit muss das Gesetz noch die Bestimmungen des **Art. 19** beachten: Zuerst muss es – bei einem grundrechtlichen Gesetzesvorbehalt – die eingeschränkten GG-Artikel nennen (**Zitiergebot** in Art. 19 I 2). Weiterhin darf es sich **nicht** um ein **Einzelfallgesetz** handeln (Art. 19 I 1) und es darf den **Wesensgehalt** des Grundrechts nicht einschränken (Art. 19 II).

---

ccc) **Bestimmtheit**

Schließlich muss das Gesetz auch **bestimmt** genug sein, das heißt: Tatbestand und Rechtsfolge müssen klar sein. Das folgt aus dem Rechtsstaatsprinzip.

---

ddd) **Kein Verstoß gegen europäisches Gemeinschaftsrecht**

Zuletzt darf das Gesetz nicht gegen **europäisches Gemeinschaftsrecht** verstoßen (Anwendungsvorrang des höherrangigen Rechts).

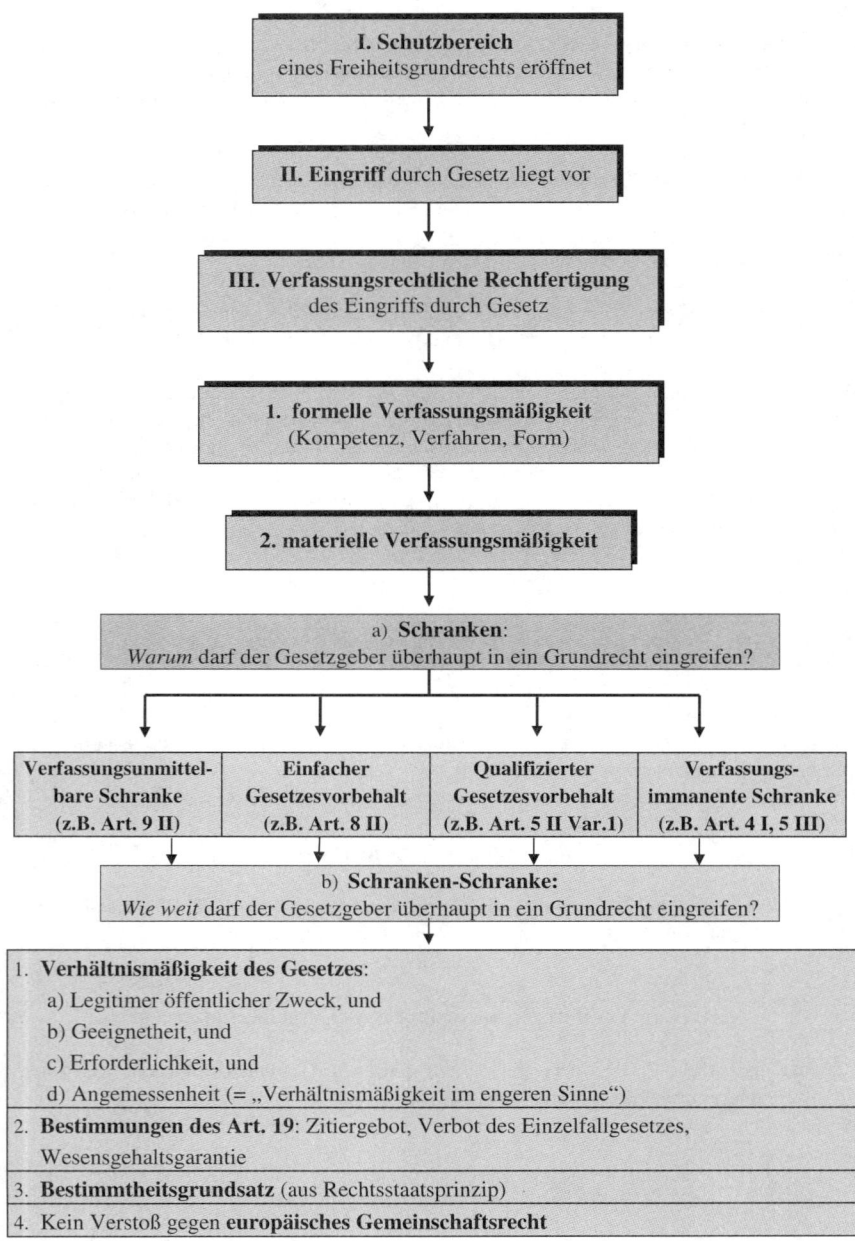

I. Schutzbereich
eines Freiheitsgrundrechts eröffnet

II. Eingriff durch Gesetz liegt vor

III. Verfassungsrechtliche Rechtfertigung
des Eingriffs durch Gesetz

1. formelle Verfassungsmäßigkeit
(Kompetenz, Verfahren, Form)

2. materielle Verfassungsmäßigkeit

a) **Schranken**:
Warum darf der Gesetzgeber überhaupt in ein Grundrecht eingreifen?

Verfassungsunmittel-bare Schranke (z.B. Art. 9 II)	Einfacher Gesetzesvorbehalt (z.B. Art. 8 II)	Qualifizierter Gesetzesvorbehalt (z.B. Art. 5 II Var.1)	Verfassungs-immanente Schranke (z.B. Art. 4 I, 5 III)

b) **Schranken-Schranke:**
Wie weit darf der Gesetzgeber überhaupt in ein Grundrecht eingreifen?

1. **Verhältnismäßigkeit des Gesetzes**:
   a) Legitimer öffentlicher Zweck, und
   b) Geeignetheit, und
   c) Erforderlichkeit, und
   d) Angemessenheit (= „Verhältnismäßigkeit im engeren Sinne")
2. **Bestimmungen des Art. 19**: Zitiergebot, Verbot des Einzelfallgesetzes, Wesensgehaltsgarantie
3. **Bestimmtheitsgrundsatz** (aus Rechtsstaatsprinzip)
4. Kein Verstoß gegen **europäisches Gemeinschaftsrecht**

2. Verfassungsrechtliche Rechtfertigung bei Verwaltungshandeln oder Urteil

Bisher wurde der Dreischritt „Schutzbereich - Eingriff - Verfassungsrechtliche Rechtfertigung" für den Eingriff durch ein Gesetz vorgestellt.

Denkbar ist natürlich auch ein Eingriff durch ein **Gerichtsurteil** oder durch **Verwaltungshandeln** (z.B. Auflösung einer Versammlung durch die Polizei). Letzteres ist freilich selten, da gegen Verwaltungsakte zuerst der Rechtsweg vor den Verwaltungsgerichten beschritten werden muss. Erst nach Erschöpfung dieses Rechtsweges ist eine Verfassungsbeschwerde möglich. Diese richtet sich dann gegen das Urteil *und* den Verwaltungsakt.

Ob Urteil oder Verwaltungsakt – es sind zwei Fragen zu prüfen:

> ### 1. Die Verfassungsmäßigkeit der gesetzlichen Grundlage für die Maßnahme

> ### 2. Die Verfassungsmäßigkeit der konkreten Maßnahme (= das Verwaltungshandeln, das Urteil)

Im *ersten Schritt* ist also das Gesetz zu prüfen, auf das sich die Maßnahme stützt. So kann z.B. die Polizei nicht einfach eine Demonstration auflösen. Dazu bedarf es einer gesetzlichen Grundlage (z.B. das Versammlungsgesetz). Die Prüfung der Verfassungsmäßigkeit dieser gesetzlichen Grundlage erfolgt nach dem bereits vorgestellten Schema. Ist das Gesetz verfassungsgemäß, folgt Schritt 2:

Im *zweiten Schritt* ist die Verfassungsmäßigkeit der konkreten Maßnahme (= das Verwaltungshandeln, das Urteil) zu prüfen. Da ein Eingriffsrecht besteht – dies wurde schließlich im ersten Schritt bejaht –, bleibt nur noch zu prüfen, ob der Eingriff auch verhältnismäßig ist. Zu prüfen sind:

- Legitimer öffentlicher Zweck,
- Geeignetheit,
- Erforderlichkeit,
- Angemessenheit (= Verhältnismäßigkeit im engeren Sinne);

sowie

- Art 19 II: Wesensgehaltsgarantie,
- Bestimmtheitsgrundsatz (aus Rechtsstaatsprinzip),
- kein Verstoß gegen europäisches Gemeinschaftsrecht.

Also:

> **Zuerst ist die gesetzliche Grundlage zu prüfen**
> (z.B. das Versammlungsgesetz),
> **anschließend das konkrete Handeln im Einzelfall**
> (z.B. Auflösung der Demonstration durch die Polizei).

 Hinweis: In den meisten Klausuren erfolgt der Eingriff durch ein Gesetz. Sollte der Eingriff einmal durch Verwaltungshandeln und/oder Urteil geschehen, ist in der Regel im Sachverhalt ein Hinweis enthalten, dass die gesetzliche Grundlage verfassungsgemäß ist. Dann kann man den ersten Teil kurz abhandeln; der Schwerpunkt liegt bei der Verhältnismäßigkeit der Einzelmaßnahme (= Verwaltungshandeln oder Urteil).

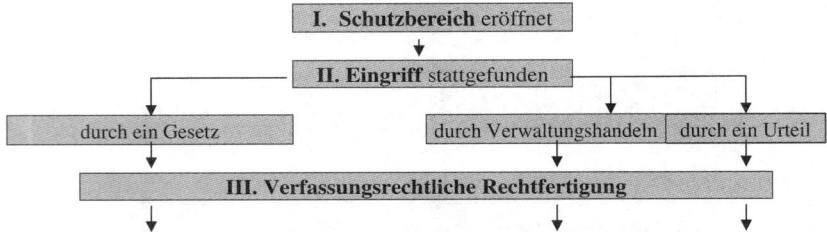

I. Schutzbereich eröffnet

II. Eingriff stattgefunden

durch ein Gesetz | durch Verwaltungshandeln | durch ein Urteil

III. Verfassungsrechtliche Rechtfertigung

1. Zulässigkeit der gesetzlichen Einschränkung [Schranke]

a) formelle Verfassungsmäßigkeit
(Kompetenz, Verfahren, Form)

b) materielle Verfassungsmäßigkeit
• Verfassungsunmittelbare Schranke
(z.B. Art. 9 II), *oder*
• Einfacher Gesetzesvorbehalt
(z.B. Art. 8 II), *oder*
• Qualifizierter Gesetzesvorbehalt
(z.B. Art. 5 II), *oder*
• Verfassungsimmanente Schranke
(z.B. bei Art. 4)

2. Schranken - Schranken
aa) Verhältnismäßigkeit (Legitimer
öffentlicher Zweck, Geeignetheit,
Erforderlichkeit, Angemessenheit),
bb) Artikel 19 (Zitiergebot, Verbot des
Einzelfallgesetzes, Wesensgehaltsgarantie),
cc) Bestimmtheitsgrundsatz (Tatbestand
und Rechtsfolge müssen klar sein;
folgt aus Rechtsstaatsprinzip),
dd) kein Verstoß gegen europäisches
Recht.

1. Verfassungsmäßige gesetzliche Grundlage für die Maßnahme (= Eingriff)
[zu prüfen wie linke Spalte]

2. Verfassungsmäßigkeit der konkreten Maßnahme
(= Verwaltungshandeln, Urteil)

a) Verhältnismäßigkeit (Legitimer
öffentlicher Zweck, Geeignetheit,
Erforderlichkeit, Angemessenheit),

b) Art. 19 II: Wesensgehaltsgarantie
(= die Maßnahme darf ein Grundrecht
nicht in seinem Wesensgehalt antasten),

c) Bestimmtheit (= die Maßnahme muss
klar und bestimmt sein),

d) kein Verstoß gegen europäisches
Recht.

Übungsfall 1:

Während einer kirchlichen Prozession am 10. November 2016 zum Andenken Verstorbener reihen sich rund 20 Kriegsgegner ein. Auf mitgeführten Transparenten ist zu lesen: „Wir beten für die toten Zivilisten in Afghanistan" und „Halten wir auch die andere Backe hin". Nachdem sie von den Veranstaltern der Prozession erfolglos zum Verlassen aufgefordert wurden, und die Kriegsgegner eine eigene Demonstration ablehnen, greift die Polizei ein. Sie stellt die Transparente für die Dauer der Prozession sicher und begründet ihr Einschreiten mit entsprechenden Befugnisnormen, die sich auf § 167 StGB stützen. Kriegsgegner K reicht nach Erschöpfung des Rechtsweges am 3. Dezember 2016 Verfassungsbeschwerde beim BVerfG ein. Er meint, durch die Sicherstellung der Transparente, in *seiner* Glaubensfreiheit verletzt zu sein. Wird K Erfolg haben?

> **§ 167 StGB: (1)** Wer 1. den Gottesdienst oder eine gottesdienstähnliche Handlung einer im Inland bestehenden Kirche oder anderen Religionsgemeinschaft absichtlich und in grober Weise stört oder 2. an einem Ort, der dem Gottesdienst einer solchen Religionsgemeinschaft gewidmet ist, beschimpfenden Unfug verübt, wird mit Freiheitsstrafe bis zu drei Jahren oder mit Geldstrafe bestraft. (...)

Lösungsvorschlag

Die Verfassungsbeschwerde des K ist erfolgreich, wenn sie zulässig und begründet ist.

Zuständigkeit des Bundesverfassungsgerichts
Das Bundesverfassungsgericht ist für die Verfassungsbeschwerde des K nach Art. 93 I Nr. 4a, §§ 13 Nr. 8a, 90ff. BVerfGG zuständig.

I. Zulässigkeit
Die Verfassungsbeschwerde müsste zulässig sein.

1. Beschwerdefähigkeit:
K ist als „jedermann" im Sinne des Art. 93 I Nr. 4a, § 90 I BVerfGG beschwerdefähig.

2. Prozessfähigkeit:
Weiterhin ist K fähig, Grundrechte prozessual geltend zu machen.

3. Beschwerdegegenstand:
Schließlich müsste sich die Verfassungsbeschwerde nach § 90 I BVerfGG gegen einen Akt der öffentlichen Gewalt richten. Die Polizeimaßnahme und die ergangenen Urteile stellen Handlungen von Exekutive und Judikative dar und sind damit Akte der öffentlichen Gewalt, gegen die sich K richtet.

4. *Beschwerdebefugnis:*
K müsste auch beschwerdebefugt sein.

a) *Möglichkeit der Grundrechtsverletzung:* Es erscheint zumindest als möglich, dass K in seiner Glaubensfreiheit aus Art. 4 II, I verletzt ist.

b) *Selbst, unmittelbar und gegenwärtig betroffen:* Von der Polizeiverfügung und den Urteilen ist K als Person selbst, unmittelbar ohne einen weiteren Zwischenakt betroffen. Auch eine gegenwärtige Betroffenheit liegt vor: Die Sicherstellung ist zwar beendet, der gleichzeitige Grundrechtseingriff liegt aber noch vor. Auch die Urteile wirken weiter.

c) *Besondere Voraussetzung bei einer Verfassungsbeschwerde gegen Urteil:* Weiterhin müsste K behaupten, dass das Gericht die Ausstrahlungswirkung eines speziellen Grundrechts verkannt hat. K legt seine Verfassungsbeschwerde mit Hinweis auf die Glaubensfreiheit ein. Damit behauptet er eine Verletzung spezifischen Verfassungsrechts. Folglich ist K beschwerdebefugt.

5. *Erschöpfung des Rechtsweges:* K hat den Rechtsweg nach § 90 II BVerfGG erschöpft.

6. *Rechtsschutzbedürfnis:*
Es ist kein einfacheres oder billigeres Mittel in Sicht, das Ziel zu erreichen. Damit hat K Rechtsschutzbedürfnis.

7. *Form und Frist:*
Zuletzt müsste K die Verfassungsbeschwerde form- und fristgerecht gemäß §§ 23 I, 92, 93 BVerfGG eingereicht haben. Von einer ordnungsgemäßen Form ist auszugehen. Die Frist von vier Wochen (§ 93 I 1 BVerfGG) hat K mit Einreichung der Beschwerde am 3. Dezember 2016 eingehalten.
Damit ist die Verfassungsbeschwerde des K gegen den Polizeieinsatz und die Urteile zulässig.

II. Begründetheit
Die Verfassungsbeschwerde müsste auch begründet sein. Die Polizeiverfügung zur Sicherstellung der Transparente könnte gegen die Glaubensfreiheit des K aus Art. 4 II, I verstoßen.

1. *Schutzbereich:*
Dazu müsste der Schutzbereich von Art. 4 II, I eröffnet sein. Das wäre der Fall, wenn K durch das Mitführen der Transparente seine Glaubens- oder Bekenntnisfreiheit wahrnehmen würde. Geschützt wird von Art. 4 nicht nur die innere Einstellung zum Glauben, sondern auch die äußere Manifestation. Deshalb könnte auch eine Aktion gegen Krieg während der Prozession unter die Glaubensfreiheit fallen. Dafür spricht, dass die Inhalte der Transparente mit den Hinweisen auf Beten und das Bibelzitat religiösen Bezug haben. Damit ist der Schutzbereich von Art. 4 II, I eröffnet.

2. *Eingriff:*
In den Schutzbereich von Art. 4 II, I müsste eingegriffen worden sein. Eingriff ist jede staatliche Hoheitsmaßnahme, die dem einzelnen eine Handlung, die in seinen Schutzbereich fällt, erschwert oder verhindert. Die Polizei stellt die Transparente sicher. Damit wird dem K sein Bekenntnis gegen den Krieg erschwert. Folglich ist ein Eingriff gegeben.

3. *Verfassungsrechtliche Rechtfertigung:*
Dieser Eingriff könnte jedoch verfassungsrechtlich gerechtfertigt sein.

a) Zuerst müsste die gesetzliche Eingriffsgrundlage verfassungsgemäß sein.

aa) *Formelle Verfassungsmäßigkeit des Gesetzes:* Diese Befugnisnorm für die Polizei wird im Sachverhalt nicht genannt. Folglich ist von ihrer formellen Verfassungsmäßigkeit auszugehen.

bb) *Materielle Verfassungsmäßigkeit des Gesetzes:* Weiterhin müsste die Befugnisnorm Art. 4 II, I einschränken können (*Schranke*). Art. 4 II, I ist nach seinem Wortlaut nicht einschränkbar. Es fehlt an einem Gesetzesvorbehalt. Allerdings gelten als verfassungsimmanente Schranken Grundrechte Dritter und andere wichtige Verfassungsgüter. Hier kommt die Glaubensfreiheit der Prozessionsbesucher nach Art. 4 I in Betracht. Dafür spricht, dass die Prozession zu Ehren der Toten durch die politischen Äußerungen vereinnahmt wird. Auch baten die Veranstalter den K, die Prozession zu verlassen. Aus diesen Gründen ist die Glaubensfreiheit der Prozessionsbesucher nach Art. 4 I als verfassungsimmanente Schranke zu bejahen.
Diese Einschränkung müsste auch verhältnismäßig sein (*Schranken-Schranke*). Kollidierende Grundrechte müssen, wenn sie zueinander in Konflikt geraten, in praktischer Konkordanz aufgelöst werden. Die Prozession gehört zum Kernbereich der Glaubensfreiheit, während eine Demonstration auch außerhalb von Prozessionen erfolgen kann. Folglich ist für die Demonstranten nur ein Randbereich ihrer Glaubensfreiheit betroffen und wiegt daher weniger. Mithin ist die Einschränkung verhältnismäßig. Damit ist die Befugnisnorm der Polizei als gesetzliche Eingriffsgrundlage verfassungsgemäß.

b) Weiterhin müsste der auf der Ermächtigungsgrundlage beruhende Verwaltungsakt, die Sicherstellung der Transparente, verfassungsgemäß sein.

aa) *Formelle Verfassungsmäßigkeit des Verwaltungsaktes:* Zweifel an der formellen Rechtmäßigkeit der konkreten Maßnahme – der Sicherstellung – bestehen nicht. Die Polizei ist aufgrund ihrer Eilzuständigkeit zur Gefahrenabwehr zuständig.

bb) *Materielle Verfassungsmäßigkeit des Verwaltungsaktes:* Die Sicherstellung ist materiell rechtmäßig erfolgt, wenn sie verhältnismäßig war. Die Sicherstellung hatte das Ziel, Grundrechtseinschränkungen der Prozessionsteilnehmer zu verhindern. Damit verfolgte sie einen legitimen öffentlichen Zweck. Auch erscheint die Sicherstellung dafür geeignet. Ein milderes Mittel ist nicht ersichtlich, weswegen die Sicherstellung auch erforderlich ist. Zuletzt müsste sie auch angemessen sein. Hier stehen die Rechte der Prozessionsbesucher den Interessen des K gegenüber. K könnte seine Meinung auch anderswo kundtun, ohne die Prozession für seine Zwecke zu instrumentalisieren. Damit ist die Sicherstellung angemessen und insgesamt verhältnismäßig.

Ergebnis: Der Eingriff in das Grundrecht des K aus Art. 4 II, I durch die Sicherstellung der Transparente ist gerechtfertigt.

Die Verfassungsbeschwerde wird nicht erfolgreich sein.

§§§§§§§§§§§§§§§§§§§§§§§§§§§

Wiederholungsfragen zur Prüfung von Freiheitsgrundrechten

1. Wie lautet der große Dreischritt bei der Prüfung von Freiheitsgrund-rechten?

1. Schutzbereich (eröffnet?),
2. Eingriff (gegeben?),
3. Verfassungsrechtliche Rechtfertigung (vorliegend?).

2. Die Definition von Eingriff lautet?

Ein Eingriff ist jede staatliche Hoheits-maßnahme, die dem einzelnen eine Handlung, die in seinen Schutzbereich fällt, erschwert oder verhindert.

3. Durch welches staatliche Handeln kann ein Eingriff geschehen?

1. durch Gesetz,
2. durch Verwaltungshandeln,
3. durch Urteil eines Gerichts.

4. Welche beiden Punkte sind bei der Verfassungsmäßigkeit eines Gesetzes zu prüfen?

1. Formelle Verfassungsmäßigkeit,
2. Materielle Verfassungsmäßigkeit.

5. Was wird bei der „formellen Verfassungsmäßigkeit" geprüft?

1. Kompetenz, 2. Verfahren, 3. Form.

6. Was wird bei der „materiellen Verfassungsgemäßheit" geprüft?

1. Zulässigkeit der gesetzlichen Einschränkung (Schranke),
2. „Schranken-Schranken".

7. Zur Zulässigkeit der gesetzlichen Einschränkung: Welche Typen von Schranken gibt es?

1. Verfassungsunmittelbare Schranke (z.B. Art. 9 II),
2. Einfacher Gesetzesvorbehalt (z.B. Art. 8 II),
3. Qualifizierter Gesetzesvorbehalt (z.B. Art. 5 II),
4. Verfassungsimmanente Schranke (das sind Grundrechte Dritter und wichtige Verfassungsgüter).

8. Und was wird anschließend unter den „Schranken-Schranken" geprüft?

1. Verhältnismäßigkeit:
   a) Legitimer öffentlicher Zweck,
   b) Geeignetheit,
   c) Erforderlichkeit,
   d) Angemessenheit
      (= Verhältnismäßigkeit im engeren Sinne);
2. Art. 19: Zitiergebot, Verbot Einzelfallgesetz, Wesensgehaltsgarantie;
3. Bestimmtheitsgrundsatz (aus Rechtsstaatsprinzip);
4. kein Verstoß gegen europäisches Gemeinschaftsrecht.

9. Was tut man in der Klausur, wenn man nicht weiß, ob gegen europäisches Gemeinschaftsrecht verstoßen wurde?

Wenn man es nicht weiß (und in der Regel kann man es nicht wissen und es wird auch nicht verlangt), lässt man es offen oder verneint es.

10. Was heißt „Erforderlichkeit"?

Kein milderes Mittel bringt den gleichen Erfolg.

11. Was bevorteilt den Gesetzgeber bei der „Geeignetheit"?

Er besitzt einen Prognose-Spielraum: Deshalb ist fast alles geeignet, was er für geeignet hält.

12. Was heißt „Zitiergebot"?

Das Gesetz muss den GG-Artikel nennen, in die es eingreift (Art. 19 I 2).

13. Welche zwei großen Schritte erfolgen bei der Prüfung der verfassungsrechtlichen Rechtfertigung eines Eingriffs durch Urteil oder Verwaltungshandeln?

1. Verfassungsmäßigkeit der gesetzlichen Grundlage,
2. Verfassungsmäßigkeit der konkreten Maßnahme (= des Eingriffs).

14. Was ist bei der „Verfassungsmäßigkeit der konkreten Maßnahme" zu prüfen?

1. Verhältnismäßigkeit
   aa) Legitimer öffentlicher Zweck,
   bb) Geeignetheit,
   cc) Erforderlichkeit,
   dd) Angemessenheit
      (= Verhältnismäßigkeit im engeren Sinne);
2. Art. 19 II: Wesensgehaltsgarantie;
3. Bestimmtheit (aus Rechtsstaatsprinzip);
4. kein Verstoß gegen europäisches Gemeinschaftsrecht.

Weitere Fälle auf unserer Facebook-Seite, Hinweis dazu siehe www.rauda-zenthoefer.de

(unentgeltlich!)

4. Kapitel

Spezielle Freiheitsgrundrechte

I. Menschenwürde (Art. 1)

1. Schutzbereich

Wichtigstes Grundrecht ist die Menschenwürde (Art. 1 I). Dieses Grundrecht kann gemäß der Ewigkeitsklausel von Art. 79 III nicht abgeschafft werden, d.h. es wird immer und zu allen Zeiten gelten. Der Parlamentarische Rat hat dieses Grundrecht aufgrund der Erfahrungen mit dem Nationalsozialismus an den Anfang gestellt.

„In der freiheitlichen Demokratie ist die Würde des Menschen der oberste Wert", so das BVerfG (E 5, 85/204).

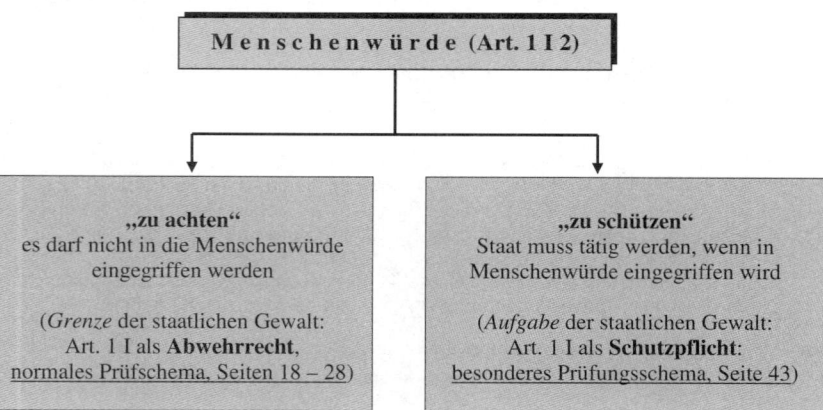

Menschenwürde (Art. 1 I 2)

„zu achten"	„zu schützen"
es darf nicht in die Menschenwürde eingegriffen werden	Staat muss tätig werden, wenn in Menschenwürde eingegriffen wird
(*Grenze* der staatlichen Gewalt: Art. 1 I als **Abwehrrecht**, normales Prüfschema, Seiten 18 – 28)	(*Aufgabe* der staatlichen Gewalt: Art. 1 I als **Schutzpflicht**: besonderes Prüfungsschema, Seite 43)

Es fällt schwer, den **Schutzbereich** der „Menschenwürde" zu bestimmen. Verschiedene philosophische Lehren definieren ihn unterschiedlich. Deshalb reicht ein Verweis auf „philosophische Traditionen" nicht aus; selbst der Hinweis auf christliche Werte ist zu eng und enthält bereits eine eigene Interpretation.

Jedoch ist die „Menschenwürde" entwicklungsgeschichtlich mit dem Christentum verbunden. Die Grundlage findet sich in der **Heiligen Schrift**:

> „Gott schuf also den Menschen als sein Abbild; als Abbild Gottes schuf er ihn. (...)" (Genesis 1, 27)

Dadurch erwächst jedem Menschen ein Eigenwert, weshalb er nie zum Objekt oder Instrument gemacht werden darf. **Der Mensch darf nie Mittel zum Zweck, er muss immer der Zweck sein.**
Allerdings ist der Mensch nicht selten bloßes Objekt der gesellschaftlichen Verhältnisse und des Rechts, dem er sich zu fügen hat. Eine Verletzung der Menschenwürde stellt dies noch nicht dar. Hinzukommen muss, dass er einer Behandlung ausgesetzt wird, die seine Subjektsqualität *prinzipiell* in Frage stellt.

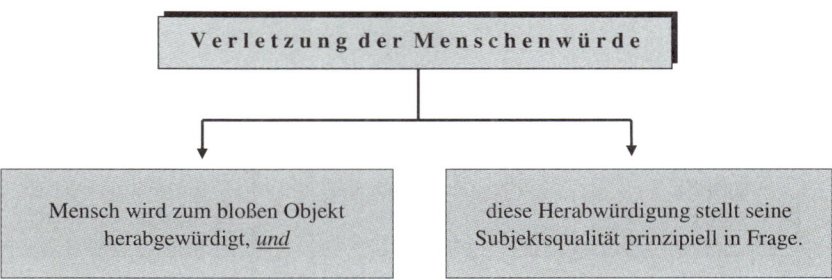

Träger der Menschenwürde sind alle Lebewesen, die von Menschen gezeugt worden sind, auch über ihren Tod hinaus. Die Menschenwürde ist nicht geknüpft an
a) die Rechtsfähigkeit,
b) die Fähigkeit, Würde wahrzunehmen oder
c) das Bewusstsein, Träger von Würde zu sein.
Demnach hat der Nasciturus ebenso Würde wie „Missgeburten" oder **Geisteskranke**. Die Menschenwürde kommt auch dem Leichnam und dem Andenken verstorbener Menschen zu. Auch **Strafgefangene** besitzen Menschenwürde; auch dann, wenn sie diese bei anderen verletzt haben.

Jeder Mensch ist damit Träger von Menschenwürde; diese Würde ergibt sich aus seinem Mensch-Sein. Würde wird nicht von der Rechtsordnung verliehen. Auch im vorstaatlichen Zustand besitzt der Mensch die Menschenwürde; sie ist dem Mensch-Sein immanent.

2. Eingriff

Jeder Eingriff in die Menschenwürde stellt eine Verletzung des Grundrechts dar:
→ Verletzungen der Gleichheit durch Sklaverei,
→ Verletzungen der körperlichen Integrität, z.B. Folter oder körperliche Strafen,
→ Haft in einer 8qm großen Zelle zu zweit, WC nur mit Vorhang getrennt (BVerfG: unvereinbar mit Art. 1 I GG).
→ Verletzung der Verteidigungsrechte im Strafverfahren,
→ Entzug des Existenzminimums (etwa durch zu hohe Abgabenlast).
Eingriffe können nicht gerechtfertigt werden. Die Menschenwürde ist unantastbar.

II. Freie Entfaltung der Persönlichkeit (Art. 2 I)

1. Schutzbereich

Art. 2 I wurde von der Rechtsprechung des BVerfG über den Tatbestand der „freien Entfaltung der Persönlichkeit" hinaus weiterentwickelt.

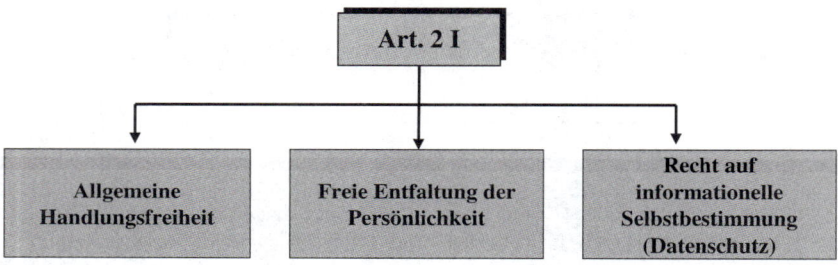

a) Allgemeine Handlungsfreiheit:

Das BVerfG hat Art. 2 I zu einem Auffanggrundrecht der „Allgemeinen Handlungsfreiheit" erweitert (E 6, 32 – Elfes). Geschützt sind damit alle Betätigungen, die nicht einem speziellen Freiheitsrecht unterfallen. Dies führt dazu, dass alle staatlichen Maßnahmen, mit denen Handlungsfähigkeiten von Menschen beschränkt werden, rechtfertigungsbedürftig sind.

> **Fast jede staatliche Maßnahme stellt so einen Eingriff in das Grundrecht Art. 2 I dar!**

Art. 2 I kommt, wie gesagt, <u>nur</u> zur Anwendung, wenn keine besonderen Grundrechte einschlägig sind. So wird ein Eingriff in die Religionsfreiheit immer an Art. 4 I, nicht aber an Art. 2 I zu messen sein. Die „Allgemeine Handlungsfreiheit" tritt auch dann zurück, wenn sich keine Grundrechtsverletzung aus Art. 4 I ergibt.

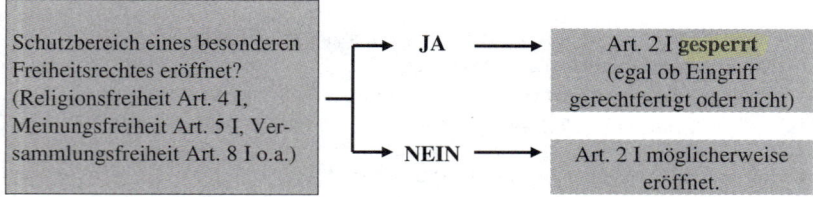

b) Freie Entfaltung der Persönlichkeit:

Dies beinhaltet zum einen den engen persönlichen Lebensbereich (die Intimsphäre), zum anderen das Recht am eigenen Bild und Wort. Folglich darf jeder selbst bestimmen, wie sein Bild und Wort dargestellt werden. Daraus resultiert auch ein Recht auf **Gegendarstellung**, wonach „der von einer Darstellung in den Medien Betroffene die rechtlich gesicherte Möglichkeit haben muss, dieser mit seiner Darstellung entgegenzutreten; im anderen Fall wäre er zum bloßen Objekt öffentlicher Erörterungen herabgewürdigt" (E 63, 131/142f.). Eine Ausnahme gilt für Personen der Zeitgeschichte.

c) Recht auf informationelle Selbstbestimmung (Datenschutz):

Das „Recht auf informationelle Selbstbestimmung" bedeutet, dass jeder selbst entscheiden kann, wann und wie persönliche Lebenssachverhalte offenbart werden (Datenschutz). Die ist ein Unterfall des Schutzbereiches „Freie Entfaltung der Persönlichkeit" und wurde vom BVerfG im Volkszählungs-Urteil entwickelt (E 65, 1).

d) Aktuell hat das BVerfG geurteilt, dass Art. 2 I auch das **„Grundrecht auf Gewährleistung der Vertraulichkeit und Integrität informationstechnischer Systeme"** umfasst (Entscheidung vom 27.2.2008; BvR 595/07).

2. Eingriff

Jede staatliche Maßnahme, die belastend wirkt, ist ein Eingriff in Art. 2 I. Ein Eingriff in das Recht auf informationelle Selbstbestimmung stellt z.B. die Erhebung oder Weitergabe von Daten oder das Verlesen eines Tagebuches im Prozess dar. Problematisch wird es aber beim Schutzbereich der **„Allgemeinen Handlungsfreiheit"**: Da grundsätzlich jeder staatliche Akt einen Eingriff bedeuten würde, wird eingeschränkt: Es muss sich bei dem hoheitlichen Handeln um eine rechtliche Maßnahme handeln (keine faktische), die sich *gegen einen Einzelnen* richtet. Der Einzelne muss dann in seiner Handlungsfreiheit verletzt sein.

> **Beispiel**: Der Bau eines Flughafens nahe einem Wohngrundstück ist eine faktische Maßnahme und damit kein Eingriff. Die Regelung, dass auch nachts gestartet und gelandet werden darf, ist dagegen eine rechtliche Maßnahme und könnte aufgrund der Lärmbelastung gegen Art. 2 II 1 („körperliche Unversehrtheit") verstoßen.

3. Verfassungsrechtliche Rechtfertigung

Die Rechte aus Art. 2 I stehen unter drei unmittelbaren Verfassungsschranken (sog. Schrankentrias): subjektive Rechte anderer, verfassungsmäßige Ordnung und Sittengesetz (= Moralvorstellungen). In der Prüfung spielt nur die Schranke „Verfassungsmäßige Ordnung" eine Rolle. Es ist dies die Gesamtheit der Normen, die formell und materiell mit der Verfassung in Einklang stehen. In der Prüfung der **Verhältnismäßigkeit** sind sie mit Art. 2 I abzuwägen. Je stärker der Eingriff, desto sorgfältiger ist er zu begründen.

Übungsfall 2:

Das Land Rheinland-Pfalz erlässt ein formell verfassungsgemäßes Gesetz, wonach Reiten im Walde nur auf solchen Wegen gestattet ist, die ausdrücklich als Reitwege gekennzeichnet sind. Damit sollen Wanderer vor einem Zusammentreffen mit Pferden geschützt werden. Reiter R fühlt sich in seinen Grundrechten verletzt. Er erhebt nach Verkündung des Gesetzes Verfassungsbeschwerde. Wird er Erfolg haben?

Lösungsvorschlag

Die Verfassungsbeschwerde des R ist erfolgreich, wenn sie zulässig und begründet ist.

Zuständigkeit des Bundesverfassungsgerichts

Das Bundesverfassungsgericht ist für die Verfassungsbeschwerde des R nach Art. 93 I Nr. 4a, §§ 13 Nr. 8a, 90ff. BVerfGG zuständig.

I. Zulässigkeit

Die Verfassungsbeschwerde müsste zulässig sein.

1. *Beschwerdefähigkeit:*

R ist als „jedermann" im Sinne des Art. 93 I Nr. 4a, § 90 I BVerfGG beschwerdefähig.

2. *Prozessfähigkeit:*

Weiterhin ist R fähig, Grundrechte prozessual geltend zu machen.

3. *Beschwerdegegenstand:*

Schließlich müsste sich die Verfassungsbeschwerde nach § 90 I BVerfGG gegen einen Akt der öffentlichen Gewalt richten. Das Gesetz stellt eine Handlung der Legislative und damit einen Akt der öffentlichen Gewalt dar, gegen den sich R richtet.

4. *Beschwerdebefugnis:*

R müsste auch beschwerdebefugt sein.

a) *Möglichkeit der Grundrechtsverletzung:* Es erscheint zumindest als möglich, dass R in seinem Grundrecht auf Allgemeine Handlungsfreiheit in Art. 2 I verletzt ist.

b) *Selbst, unmittelbar und gegenwärtig betroffen:* Von dem Gesetz ist R als Person selbst, unmittelbar ohne einen weiteren Zwischenakt und, da das Gesetz bereits verkündet ist, auch gegenwärtig betroffen.

Damit ist R beschwerdebefugt.

5. *Erschöpfung des Rechtsweges:*

Gegen Gesetze kann kein Rechtsweg ausgeschöpft werden.

6. *Rechtsschutzbedürfnis:*

Es ist kein einfacheres oder billigeres Mittel in Sicht, das Ziel zu erreichen. Damit hat R Rechtsschutzbedürfnis.

7. *Form und Frist:*

Zuletzt müsste R die Verfassungsbeschwerde form- und fristgerecht gemäß §§ 23 I, 92, 93 BVerfGG eingereicht haben. Davon ist mangels gegenteiliger Informationen auszugehen. Damit ist die Verfassungsbeschwerde des R gegen das Gesetz zulässig.

II. Begründetheit

Die Verfassungsbeschwerde wäre begründet, wenn ein möglicher Grundrechtseingriff verfassungsrechtlich nicht gerechtfertigt wäre. Reiten im Wald wird durch kein besonderes Grundrecht geschützt. In Frage kommt deshalb nur das Grundrecht der Allgemeinen Handlungsfreiheit in Art. 2 I.

> **Hinweis:** Wäre „Reiten im Wald" durch ein besonderes Grundrecht geschützt, käme nur dieses spezielle Grundrecht in Betracht; Art. 2 I wäre dann gesperrt.

1. *Schutzbereich:*

Der Schutzbereich von Art. 2 I könnte eröffnet sein. Art. 2 I schützt die Allgemeine Handlungsfreiheit. Reiten im Walde fällt als Form menschlichen Handelns darunter. Damit ist der Schutzbereich des Art. 2 I eröffnet.

2. *Eingriff:*

Weiterhin müsste von staatlicher Seite in dieses Grundrecht eingegriffen worden sein. Ein Eingriff ist jede rechtliche Hoheitsmaßnahme, die dem einzelnen eine Handlung, die in seinen Schutzbereich fällt, erschwert oder verhindert. Durch das Gesetz des Landes Rheinland-Pfalz wird R am Reiten auf allen Waldwegen gehindert. Damit liegt ein Eingriff vor.

3. *Verfassungsrechtliche Rechtfertigung:*

Der Eingriff könnte verfassungsrechtlich gerechtfertigt sein. Dazu müsste das Landesgesetz formell und materiell verfassungsgemäß sein.

a) Die formelle Verfassungsgemäßheit ist laut Sachverhalt gegeben.

b) Fraglich ist, ob das Gesetz materiell verfassungsgemäß ist.

aa) Schranke: Eine Schranke von Art. 2 I ist die Verfassungsmäßige Ordnung. Darunter fallen alle formellen und materiellen Gesetze, auch Gesetze der Länder; mithin auch das hier vorliegende Gesetz des Landes Rheinland-Pfalz.

bb) Schranken-Schranke: Allerdings muss das Landesgesetz verhältnismäßig sein (Schranken-Schranken). Dazu müsste es einen legitimen öffentlichen Zweck verfolgen. Zweck ist der Schutz von Wanderern, die nicht mit Pferden in Berührung kommen wollen. Das ist ein legitimer öffentlicher Zweck. Weiterhin müsste das Gesetz geeignet sein. Die „Reservierung" von Wegen für Wanderer stellt ein geeignetes Mittel dar, um das Ziel zu erreichen. Dies müsste auch erforderlich sein. Es ist kein milderes Mittel in Sicht, welches den gleichen Erfolg mit einer weniger eingreifenden Regelung sicherstellen würde. Deshalb ist die Regelung auch erforderlich. Zuletzt müsste das Gesetz auch verhältnismäßig im engeren Sinn (= angemessen) sein. Hier ist zwischen den Interessen des Gesetzgebers und des Reiters abzuwägen.

Dem Gesetzgeber ist ein fairer Interessenausgleich aufgetragen. Deshalb kann er zum Schutz der Wanderer auch Waldwege für Reiter sperren, bzw. nur solche Wege Reitern zugänglich machen, die besonders gekennzeichnet sind. Die „Allgemeine Handlungsfreiheit" wird dadurch nicht verletzt. Damit ist die Regelung auch verhältnismäßig im engeren Sinne (= angemessen).

Ergebnis: Die Verfassungsbeschwerde des R ist unbegründet.

Wiederholungsfragen zu Artikel 1 I, 2 I GG

1. Warum kann die Menschenwürde in Art. 1 I nicht abgeschafft werden?

   Aufgrund der Ewigkeitsklausel in Art. 79 III.

2. Weshalb steht die Menschenwürde zu Beginn des GG?

   Die Stellung soll die Wichtigkeit und Bedeutung ausdrücken, gerade auch nach den Erfahrungen mit dem NS-Regime.

3. Was bedeutet in Art. 1 I 2: „zu achten"?

   Der Staat darf nicht in die Menschenwürde eingreifen (Grenze staatlicher Gewalt).

4. Und was bedeutet: „zu schützen"?

   Der Staat muss tätig werden, wenn die Menschenwürde verletzt wird (Aufgabe staatlicher Gewalt).

5. Wie lautet die den Schutzbereich beschreibende sogenannte „Objektformel"?

   Der Mensch darf niemals zum Objekt staatlichen Handelns gemacht werden. Er ist kein Mittel zum Zweck, sondern immer Zweck.

6. Wer ist Träger der Menschenwürde?

   Alle Lebewesen, die von Menschen gezeugt worden sind.

7. Fällt auch der Nasciturus (das Kind im Mutterleib) darunter?

   Ja.

8. Und Geisteskranke?

   Ja.

9. Was ist mit verurteilten Mördern und Vergewaltigern?

   Jeder Mensch besitzt die Menschenwürde zeit seines Lebens.

10. Können Gerichte die Menschenwürde aberkennen?

    Natürlich nicht. Die Menschenwürde ist kein rechtlicher Zustand. Sie ist jedem Menschen zu jeder Zeit gegeben.

11. Nenne Beispiele unzulässiger Eingriffe des Staates in die Menschenwürde!

    Folter, Sklaverei, Versagung der Verteidigungsrechte vor Gericht u.a.

12. Welches sind die Tatbestände in Art. 2 I?

    Allgemeine Handlungsfreiheit, Freie Entfaltung der Persönlichkeit, davon als wichtiger Unterfall: Recht auf informationelle Selbstbestimmung (Datenschutz).

13. Warum ist Art. 2 I ein Auffanggrundrecht?

    Art. 2 I kommt nur dann in Betracht, wenn kein Schutzbereich eines speziellen Grundrechtes eröffnet ist.

14.	Kann Art. 2 I geprüft werden, wenn das spezielle Grundrecht nicht verletzt wurde?	Nein.
15.	Was heißt eigentlich „informationelle Selbstbestimmung"?	Die Befugnis des einzelnen, selbst zu entscheiden, wann und innerhalb welcher Grenzen persönliche Lebenssachverhalte offenbart werden.
16.	Welche Schranken kennt die „Schrankentrias" in Art. 2 I?	1. Rechte anderer. 2. Verfassungsmäßige Ordnung. 3. Sittengesetz.
17.	Können auch faktische Maßnahmen des Staates ein Eingriff in die Allgemeine Handlungsfreiheit (Art. 2 I) sein?	Nein. Eingreifen können nur rechtliche Maßnahmen.

III. Recht auf Leben und körperliche Unversehrtheit (Art. 2 II 1)

 Beachten Sie: Artikel 2 I und II sind strikt zu trennen!

1. Schutzbereich

Das Grundrecht auf Leben und körperliche Unversehrtheit ist als Reaktion auf die ungeheuren Verbrechen der Nationalsozialisten entstanden. Es schließt insbesondere staatlichen Mord und zwangsweise durchgeführte Menschenexperimente aus. Darüber hinaus sieht das BVerfG in Art. 2 II 1 auch eine Pflicht des Staates zum Schutz von Leben.

Recht auf Leben: Schutzgut ist das menschliche Leben, das Dasein. Es beginnt mit der Verschmelzung von Ei und Samenzelle und endet mit dem Erlöschen der Hirnströme (Hirntod).

Körperliche Unversehrtheit: Schutzgut ist die Integrität der Körpersphäre. Dazu gehört die Gesundheit im physiologischen und geistig-seelischen Sinn.

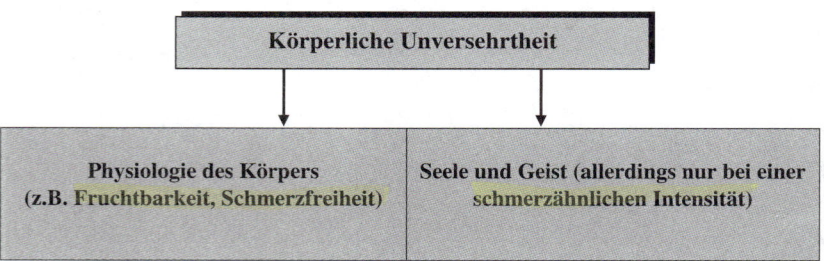

2. Eingriff

Eingriffe in das Recht auf Leben sind gemäß Art. 2 II 3 nur aufgrund eines Gesetzes möglich. Beispiele wären die Todesstrafe (die freilich durch Art. 102 abgeschafft ist), der „finale Rettungsschuss" sowie staatlich organisierter Mord (während des NS-Regimes praktiziert).

Eingriffe in die körperliche Unversehrtheit sind ebenso nur aufgrund eines Gesetzes möglich. Beispiele sind Folter und Menschenversuche (aufgrund Art. 1 I ausgeschlossen), sowie Blutentnahme, Hirnkammerlüftung und zwangsweise Veränderung der Haar- und Barttracht.

3. Verfassungsrechtliche Rechtfertigung

a) Schranke

Alle Eingriffe in Art. 2 II 1 stehen unter dem Gesetzesvorbehalt des Art. 2 II 3. Fraglich ist, ob ein materielles Gesetz (z.B. Rechtsverordnung) ausreicht oder ob ein formelles Parlamentsgesetz notwendig ist. Bei Eingriffen in die zentralen Grundrechte „Leben" und „körperliche Unversehrtheit" ist immer ein **Parlamentsgesetz** notwendig. Das ergibt sich aus der **Wesentlichkeitslehre** des BVerfG. Danach müssen staatliche Eingriffe mit außerordentlicher Intensität immer vom Parlament beschlossen werden. Eingriffe können z.B. sein: Impfzwang, körperliche Eingriffe zu Untersuchungszwecken im Strafprozess.

b) Schranken – Schranke

Als Schranken-Schranken kommen Art. 104 I 2 („Festgehaltene Personen dürfen weder seelisch noch körperlich misshandelt werden") und Art. 102 („Die Todesstrafe ist abgeschafft") in Betracht. Weiterhin gilt der Grundsatz der Verhältnismäßigkeit. Eingriffe in Art. 2 II 1 sind besonders sensibel und deshalb sorgfältig abzuwägen. Es bedarf sehr guter Gründe, in diese zentralen Grundrechte einzugreifen.

> **Beispiel:** Der „finale Rettungsschuss" der Polizei zur Geiselbefreiung kann ein guter Grund sein, in das Lebensrecht des Geiselnehmers einzugreifen. Zuvor müssen jedoch andere Maßnahmen versucht worden sein. Weiterhin muss das Leben der Geiseln unmittelbar durch den Geiselnehmer gefährdet gewesen sein.

Neben dem Abwehrrecht folgt aus Art. 2 II 1 auch eine **Schutzpflicht des Staates.** Er hat sich schützend und fördernd vor jedes menschliche Leben zu stellen, d.h. vor allem, es auch vor rechtswidrigen Eingriffen Dritter zu bewahren. Dazu muss sich der Gesetzgeber nach Ansicht des BVerfG auch des Strafrechts bedienen (BVerfGE 39, 1ff. – Schwangerschaftsabbruch). Jedoch habe der Gesetzgeber einen **Einschätzungs- und Gestaltungsspielraum**. Es gelte nur das Untermaßverbot. Dieses sei verletzt, wenn der Staat gar nichts tue, oder wenn die Hinnahme der Beeinträchtigungen bei Abwägung mit entgegenstehenden privaten oder öffentlichen Interessen nicht zumutbar ist. Beispiel: Der Staat verpflichtet die Betreiber von Atomkraftwerken nicht zu Schutzmaßnahmen. Dagegen können Anwohner Verfassungsbeschwerde einreichen. Dafür gilt nicht das bekannte Schema, sondern:

Prüfungsschema bei Schutzpflichten des Staates aus Art. 2 II 1 oder Art. 1 I:

1. Bestehen und Umfang der Schutzpflicht:
    a) Vorliegen eines schutzfähigen Rechtsgutes (z.B. die Anwohner)
    b) Gefährdung dieses Rechtsgutes durch Private (z.B. durch Atomkraftwerk)
2. Erfüllung der staatlichen Schutzpflicht in ausreichendem Maße:
    Untermaßverbot (z.B. durch Atomgesetz).

IV. Freiheit der Person (Art. 2 II 2, 104)

Art. 2 II 2 und 104 haben einen gleichen Schutzbereich. Unterschiedlich ist jedoch der Gesetzesvorbehalt: Art. 104 weist einen qualifizierten, Art. 2 II 2 nur einen einfachen Gesetzesvorbehalt auf.

1. Schutzbereich

Freiheit der Person meint die Fortbewegungsfreiheit. Jeder hat das Recht, einen Ort aufzusuchen und wieder zu verlassen. Ob jeder *beliebige* Ort aufgesucht werden kann, ist eine Frage der Freizügigkeit (Art. 11).

2. Eingriff

Eingriffe sind Freiheitsentziehung (dazu Art. 104 II-IV), Arrest oder Gefängnisstrafe. Die Schulpflicht gehört nicht dazu. Es ist **nur** solches staatliches Verhalten umfasst, welches die Beschränkung der Bewegungsfreiheit **geradezu bezweckt** (wie beim Arrest).

3. Verfassungsrechtliche Rechtfertigung

a) Schranken

Es gelten die Gesetzesvorbehalte von Art. 2 II 3 und Art. 104 (leges speciales, da qualifizierter Gesetzesvorbehalt).

Nach Art. 104 I 1 können **Freiheitsbeschränkungen** nur aufgrund förmlichen Gesetzes (folglich nicht nur Rechtsverordnung u.a.) und unter Beachtung der im förmlichen Gesetz vorgeschriebenen Form ergehen.

Freiheitsentziehungen müssen vorher von einem Richter angeordnet werden. Ausnahmsweise kann diese richterliche Entscheidung nachträglich herbeizuführen sein (Art. 104 II 2 und 3).

b) Schranken-Schranken

Staatliche Eingriffe in die Freiheit der Person sind nur bei Verhältnismäßigkeit zulässig. Ein häufiger Fall ist die Untersuchungshaft. Sie ist verhältnismäßig, wenn sie die Aufklärung einer Straftat zum Ziel hat, und geeignet sowie erforderlich ist, dieses Ziel zu erreichen.

Wiederholungsfragen zu Artikel 2 II GG

1. In welcher Beziehung stehen Art. 2 I und 2 II zueinander?

Sie sind strikt zu trennen.

2. Was war der historische Grund für die Einführung des Art. 2 II?

Die Erfahrungen mit dem Nationalsozialismus.

3. Welche staatlichen Handlungen schließt das „Recht auf Leben" aus?

Beispiele sind staatlich verordneter Mord und Menschenversuche.

4. Wann beginnt das Leben, wann endet es?

Beginn ist die Verschmelzung der Ei- mit der Samenzelle; Ende das Erlöschen der Hirnströme (Hirntod).

5. Welche beiden Faktoren gehören zur „körperlichen Unversehrtheit"?

1. Physiologie des Körpers,
2. Seele und Geist.

6. Nenne Beispiele für Eingriffe in das Lebensrecht, die bis heute rechtspolitisch diskutiert werden.

Todesstrafe, finaler Rettungsschuss.

7. Nenne Beispiele für Eingriffe in die körperliche Unversehrtheit!

Blutentnahme, Liquorentnahme, Hirnkammerlüftung, zwangsweise Veränderung der Haar- und Barttracht (hier: andere Ansicht BVerfG).

8. Verlangt der Gesetzesvorbehalt in Art. 2 II 3 ein förmliches Gesetz?

Im Wortlaut nicht. Aufgrund der Wesentlichkeitstheorie des BVerfG müssen aber Regelungen mit intensiven Grundrechtseingriffen vom Parlament beschlossen werden.

9. Welches sind die Schranken-Schranken zu Art. 2 II 1?

1. Art. 104 I 2 (keine Misshandlung bei Freiheitsentziehung),
2. Art. 102 (Todesstrafe),
3. Verhältnismäßigkeitsprinzip.

10. Was meint „Freiheit der Person" in Art. 2 II 2?

Fortbewegungsfreiheit.

11. Nenne Beispiele für Eingriffe in die Freiheit der Person!

Freiheitsentziehung, Arrest, Gefängnisstrafe; nicht aber die Schulpflicht.

12. Wie stehen die Gesetzesvorbehalte von Art. 2 II 3 und 104 zueinander?

Art. 104 ist als qualifizierter Gesetzesvorbehalt lex specialis.

V. Glaubens-, Gewissens- und Bekenntnisfreiheit (Art. 4, 140 i.V.m. WRV)

Zur Glaubens-, Gewissens- und Bekenntnisfreiheit des Art. 4 gehört auch Art. 140. Er verweist auf Normen der Weimarer Reichsverfassung von 1919. Diese Normen sind in das GG korporiert (Art. 136 – 139, 141 WRV). In Gesetzessammlungen werden sie meist in einer Fußnote abgedruckt. Sie sind voller Bestandteil des GG und keinesfalls Normen minderer Qualität!

1. Schutzbereich

Art. 4 I, II haben einen **einheitlichen Schutzbereich**. Geschützt wird die Freiheit, einen Glauben, ein Gewissen, eine Weltanschauung und eine Religion zu formieren, zu haben und danach zu leben.

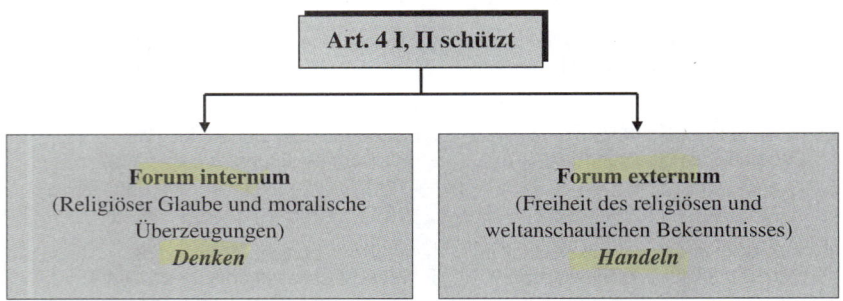

Glaube: Der Glaube ist die innere Überzeugung des Menschen von Gott und dem Jenseits – positiver und negativer Natur, also auch die Negation eines Glaubens.

Gewissen: Das Gewissen ist das Bewusstsein des Menschen vor der Existenz des Sittengesetzes; es ist ein real erfahrbares seelisches Phänomen.

Bekenntnis: Das Bekenntnis ist die Kundgabe des Glaubens und Gewissens oder die Kundgabe einzelner Entscheidungen, die aufgrund des Glaubens und Gewissens getroffen worden sind, an die Umwelt.

Damit der Schutzbereich des Art. 4 nicht ausufert (schließlich könnte man auch das Schulschwänzen mit religiösen Motiven begründen), muss es sich tatsächlich, nach **geistigem Gehalt** und **äußeren Erscheinungsbild**, um religiös motivierte Handlungen handeln. Eine dementsprechende Behauptung muss plausibel sein. Nicht geschützt sind z.B. wirtschaftliche Aktivitäten von Unternehmen, die sich nur zur Tarnung „Kirche" nennen (*Scientology*-Unternehmen).

Die **Religions- und Weltanschauungsfreiheit** wird positiv und negativ gewährleistet.

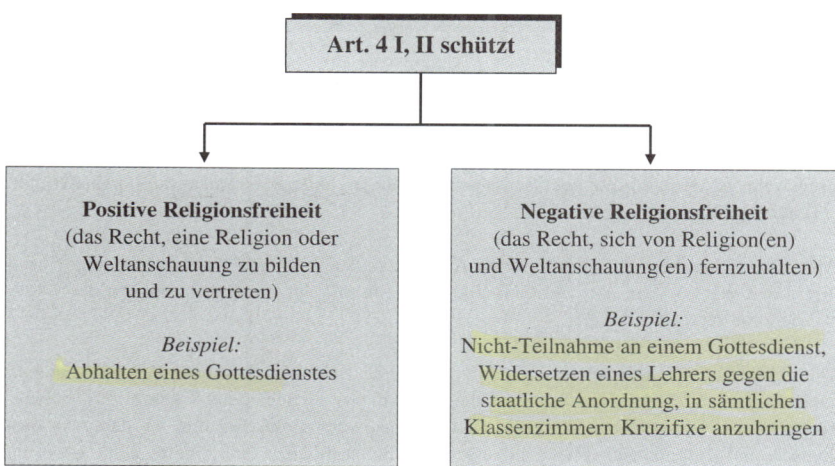

Art. 4 I, II schützt

Positive Religionsfreiheit
(das Recht, eine Religion oder
Weltanschauung zu bilden
und zu vertreten)

Beispiel:
Abhalten eines Gottesdienstes

Negative Religionsfreiheit
(das Recht, sich von Religion(en)
und Weltanschauung(en) fernzuhalten)

Beispiel:
Nicht-Teilnahme an einem Gottesdienst,
Widersetzen eines Lehrers gegen die
staatliche Anordnung, in sämtlichen
Klassenzimmern Kruzifixe anzubringen

Art. 4 III regelt, dass niemand „gegen sein Gewissen zum **Kriegsdienst** mit der Waffe" gezwungen werden darf. Es handelt sich um eine lex specialis zu Art. 4 I. Der Ersatzdienst („Zivildienst") kann nicht aus Gewissensgründen verweigert werden.
Kriegsdienst mit der Waffe ist nicht nur im Krieg, sondern auch im Frieden möglich, dann als **Ausbildung** zum Dienst an der Waffe. Vom BVerfG wurde die situationsbedingte Kriegsdienstverweigerung nicht anerkannt (Verweigerung des Kriegsdienstes, solange sich die Bundeswehr im Einsatz in Afghanistan befindet).

2. Eingriff

Eingriffe können in ganz unterschiedlichen Dimensionen und Intensitäten erfolgen.

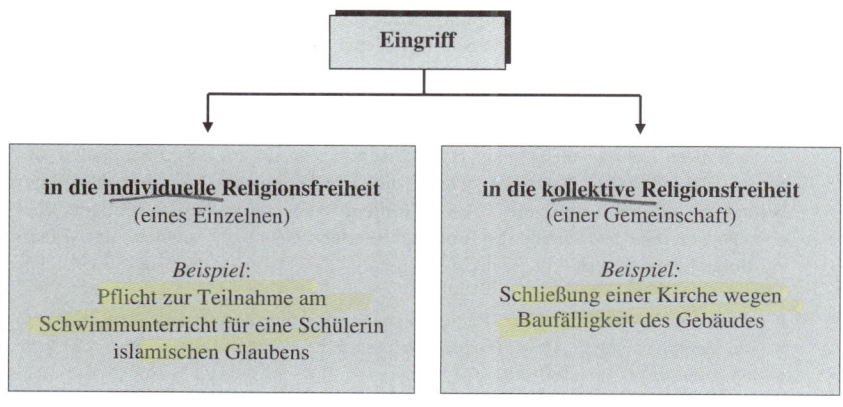

Eingriff

in die individuelle Religionsfreiheit
(eines Einzelnen)

Beispiel:
Pflicht zur Teilnahme am
Schwimmunterricht für eine Schülerin
islamischen Glaubens

in die kollektive Religionsfreiheit
(einer Gemeinschaft)

Beispiel:
Schließung einer Kirche wegen
Baufälligkeit des Gebäudes

3. Verfassungsrechtliche Rechtfertigung

a) Schranken

Art. 4 ist ein vorbehaltloses Grundrecht, d.h. mögliche Schranken können nur **verfassungsimmanente Grundrechte** Dritter oder der Schutz wichtiger Verfassungsgüter sein. Es ist nicht möglich, Schrankenregelungen anderer Grundrechte (etwa Art. 2 I, 5 I) auf Art. 4 zu übertragen!

Mögliche Schranken der inkorporierten Artikel aus der Weimarer Reichsverfassung (insb. Art. 136 I WRV i.V.m. Art. 140 GG) sind nicht einschlägig. Die Bestimmungen der WRV werden von Art. 4 überlagert.

Damit bleibt nur kollidierendes Verfassungsrecht als Schranke. Es ist dann zu entscheiden, welche Verfassungsbestimmung für die konkret zu entscheidende Frage das höhere Gewicht hat. Die schwächere Norm darf nur insoweit zurückgedrängt werden, wie das logisch und systematisch zwingend erscheint; ihr sachlicher Grundwertegehalt muss in jedem Fall respektiert werden.

Das bedeutet insbesondere, dass auch die Eingriffsrechtfertigung durch kollidierendes Verfassungsrecht nur durch Gesetz erfolgen darf.

b) Schranken - Schranken

Schranken-Schranken sind die Verhältnismäßigkeit und die Wesensgehaltsgarantie (Art. 19 II) des Grundrechts.

Übungsfall 3:

Die 25jährige Deutsche iranischer Herkunft L möchte nach erfolgreichem Mathematik-Studium (auf Lehramt) und Referendarzeit in den Schuldienst eingestellt werden. Sie pflegt, auch im Dienst, ein Kopftuch zu tragen. Dieses Kopftuch drückt ihre Glaubensvorstellungen aus.

Die zuständige Schulbehörde lehnt die Einstellung der L ab. In der Begründung heißt es, beamtete Lehrer müssen als erzieherisches Vorbild und Repräsentanten des Staates wirken. Das Kopftuch würde die Integration muslimischer Mitbürger behindern und damit nicht die Toleranz fördern. Auch sei zu berücksichtigen, dass eine gegenteilige Entscheidung Grundrechtsverletzungen von Schülern und Eltern zur Folge haben würde.

L erhebt nach Erschöpfung des Rechtsweges Verfassungsbeschwerde beim BVerfG wegen Verstoßes gegen Art. 4. Ist die Beschwerde begründet?

Die Zulässigkeit ist zu unterstellen.

Die Verfassungsbeschwerde wäre begründet, wenn ein möglicher Grundrechtseingriff in Art. 4 I, II verfassungsrechtlich nicht gerechtfertigt wäre.

I. Schutzbereich

Der Schutzbereich von Art. 4 I, II könnte eröffnet sein. L beruft sich auf ihren Glauben. Dieser wird in Art. 4 I, II geschützt. Darunter fällt neben dem forum internum auch die Darstellung der eigenen Glaubens- und Gewissensinhalte nach außen (forum externum). Ein Unterfall ist die Religionsausübung in Art. 4 II, die nicht nur die kultische Handlung während der Gottesdienste, sondern auch die Kleidung, die man aufgrund seines Glaubens trägt, schützt.

Das Kopftuch ist Teil dieser Kleidung und fällt damit unter den Schutzbereich von Art. 4 I, II.

II. Eingriff

Weiterhin müsste von staatlicher Seite in dieses Grundrecht eingegriffen worden sein. Ein Eingriff ist jede rechtliche Hoheitsmaßnahme, die dem einzelnen eine Handlung, die in seinen Schutzbereich fällt, erschwert oder verhindert. Die Schulbehörde verlangt von L, das Kopftuch abzunehmen, wenn sie unterrichten möchte. Damit wird L ihre Religionsausübung erschwert. Mithin ist ein Eingriff gegeben.

III. Verfassungsrechtliche Rechtfertigung

Der Eingriff könnte durch Schranken, die die Wirkung des Grundrechts aus Art. 4 I, II begrenzen, gerechtfertigt sein.

1. Art. 136 I WRV i.V.m. Art. 140 GG
Der Art. 136 I WRV i.V.m. Art. 140 GG könnte eine Schranke darstellen. Nach einhelliger Meinung des BVerfG überlagert allerdings Art. 4 diese Bestimmung, sodass eine Schranke nicht gegeben ist.

2. Art. 2 I, 5 I
Eine Übernahme der Schranken aus Art. 2 I oder 5 I ist wegen der Eigenständigkeit der Grundrechte abzulehnen.

3. Verfassungsimmanente Schranken
Es könnten verfassungsimmanente Schranken, die Grundrechte Dritter und die verfassungsmäßige Ordnung schützen sollen, in Betracht kommen.

a) Art. 7 I

Eine verfassungsimmanente Schranke könnte Art. 7 I sein. Der Staat beaufsichtigt die Schulen und kann die Erziehungsziele, die er sich setzt, auch durchsetzen. Die Schulbehörde lehnt die Einstellung der L ab und begründet dies mit den Zielen Toleranz und Integration. Dies ist ein **legitimer öffentlicher Zweck**. Die Einstellungsablehnung könnte dieses Ziel verwirklichen und damit im Rahmen des Prognose-Spielraums des Gesetzgebers auch **geeignet** sein.

Schließlich müsste die Maßnahme auch **erforderlich** sein. Ein milderes Mittel, welches den gleichen Erfolg garantieren würde, ist nicht zu erkennen. Entweder L trägt ihr Kopftuch, oder sie trägt es nicht. Damit ist die Maßnahme erforderlich.

Folglich ist fraglich, ob die Einstellungsablehnung auch **angemessen** ist. Hier gilt es zu prüfen, ob die Intensität des Eingriffs in Art. 4 mit dem Wert des Art. 7 I vereinbar ist. Durch Abwägung ist eine praktische Konkordanz beider Rechte herzustellen.

Der Staat hat sich verpflichtet, entsprechend der **Neutralitätsmaxime** keine irgendwie geartete religiöse **Missionierung** in der Schule zu dulden. Als Teil solcher Missionierung könnte das Kopftuch verstanden werden. Andererseits gewährleistet der Staat gerade auch in der Schule Raum für die positive Glaubensfreiheit von Lehrenden und Lernenden, indem er z.B. christliche Bekenntnisschulen einrichtet oder religiösen Schülern ein Schulgebet ermöglicht. Folglich müsste der L auch das Tragen des Kopftuches erlaubt sein.

Andererseits ist L als Lehrerin Autoritätsperson, die ihre Schüler erziehen soll. Schüler können aufgrund ihres Alters noch in ihren ungefestigten Glaubensansichten beeinflusst und durch eine Fixierung auf die Lehrerin „**missioniert**" werden.

Dieser Befürchtung ist allerdings entgegenzuhalten, dass auch christliche Lehrer unterrichten dürfen. Diese können ebenso Glaubenszeichen (wie z.B. ein Halsband mit einem Kreuz) zur Schau stellen. Auch den Einsatz von **Pfarrern** im Religionsunterricht erlaubt der Staat. Diese Pfarrer müssen sich vor und nach dem Religionsunterricht durch die Schule bewegen und nehmen an Konferenzen, Veranstaltungen usw. teil. Dabei ist es ihnen nicht verwehrt, ihre **Berufskleidung** zu tragen. Der Staat kann hier also nicht mit zweierlei Maß messen.

Ob das Kopftuch die **Toleranz** behindert, wie die Schulbehörde behauptet, muss angezweifelt werden. Selbst wenn dies der Fall wäre, muss es Aufgabe des Staates sein, Toleranz zu schaffen. Dazu gehört die Achtung der Überzeugung anderer Menschen. Aufgrund der wachsenden Zahl von Bürgern islamischen Glaubens in der Bundesrepublik ist es geboten, dass sich Schüler mit den Überzeugungen dieser Gläubigen auseinandersetzen und somit Verständnis aufbringen.

L kann auch mit Kopftuch eine Repräsentantin des Staates sein. Sie ist Deutsche. Wie viele andere Deutsche auch ist sie Mitglied einer islamischen Glaubensgemeinschaft. Dadurch wird ihre Akzeptanz des Staates nicht in Frage gestellt. Eine Abwägung zugunsten Art. 4 I, II ist im Ergebnis plausibel. (Andere Ansicht möglich.)

b) Art. 4 I, II

Eine weitere verfassungsimmanente Schranke könnte die **negative Religionsfreiheit** von Schülern sein (Art. 4 I). Die Schüler der L wären ihrem Kopftuch ständig ausgesetzt. Fraglich ist, ob ihnen das zuzumuten ist.

Ein Kopftuch schränkt niemanden in seiner Religionsfreiheit in der Weise ein, dass Zwang ausgeübt würde. Der Staat ist zur Durchführung seiner **Erziehungsziele** in der Schule auf die Mitwirkung von Lehrern angewiesen und kann die religiöse Bindung dieser Menschen nicht völlig ignorieren.

Das Zusammenleben in einem Staat bedarf **gegenseitiger Akzeptanz und Toleranz**, die nicht vor den Schultoren aufhören darf. Die Bundesrepublik hat sich entschlossen, Menschen iranischer Herkunft und muslimischen Glaubens einzubürgern und zum Lehrer auszubilden. In der Folge müssen sie sich auch entschließen, diesen Menschen die gleichen Rechte zu gewähren und sie nicht vom Unterrichten auszuschließen.

Auch christliche Lehrer dürfen ihren Glauben im Unterricht kundtun (z.B. im Gespräch über politische oder gesellschaftliche Vorgänge) und verletzen damit auch nicht die negative Religionsfreiheit der Schüler.

Im Ergebnis ist auch die negative Religionsfreiheit aus Art. 4 I, II keine verfassungsimmanente Schranke im vorliegenden Fall. (Andere Ansicht möglich.)

Ergebnis:

Folglich ist das Grundrecht der L aus Art. 4 I, II verletzt und ihre Verfassungsbeschwerde begründet.

(Das BVerfG hat entschieden, dass die Bundesländer, wenn sie das Tragen des Kopftuches für Lehrerinnen verbieten wollen, gesetzliche Eingriffsgrundlagen schaffen müssen. Verordnungen oder Weisungen reichen nicht aus. Dies ist inzwischen in allen Ländern geschehen. So ist das Kopftuch zum Beispiel in Baden-Württemberg nicht erlaubt.)

    Hinweis: Eine weitere verfassungsimmanente Schranke könnte Art. 33 II, III sein. Aus Platzgründen wurde auf diese Prüfung hier verzichtet.

§§§§§§§§§§§§§§§§§§§

Wiederholungsfragen zu Artikel 4

1. An welche GG-Bestimmungen ist bei Fragen der Religions- und Weltanschauungsfreiheit immer mitzudenken?

   Art. 140 GG, der auf Art. 136-139, 141 WRV verweist.

2. Wie unterscheidet sich der Schutzbereich von Art. 4 I, II?

   Gar nicht: Der Schutzbereich ist einheitlich.

3. Was bedeutet „forum internum" und „forum externum"?

   Forum internum bezeichnet die innere Glaubensüberzeugung (das Denken), Forum externum das religiöse und weltanschauliche Bekenntnis (das Handeln).

4. Wie definiert man Glaube?

   Glaube ist die innere Überzeugung des Menschen von Gott und dem Jenseits.

5. Was ist das Gewissen?

   Das Bewusstsein des Menschen von der Existenz des Sittengesetzes (ein real erfahrbares seelisches Phänomen).

6. Was bedeutet Bekenntnis?

   Die Kundgabe von Glaubens- und Gewissenseinstellungen.

7. Nenne ein Beispiel für die negative Religionsfreiheit!

   Das Recht des Fernbleibens von Religionsunterricht, Gottesdienst usw.

8. Welche Norm ist für die negative Religionsfreiheit anzuführen?

   Art. 4 I,II – genauso für die positive Religionsfreiheit.

9. Warum können die Schranken von Art. 2 I oder 5 I nicht auf Art. 4 übertragen werden?

   Alle Grundrechte sind eigenständig.

10. Welche Schranken kennt Art. 4?

    Verfassungsimmanente Schranken, also Grundrechte Dritter oder der Schutz wichtiger Verfassungsgüter.

11. Was sind die Schranken-Schranken bei Art. 4?

    Übermaßverbot und Wesensgehaltsgarantie (Art. 19 II).

12. Wird der Sonntag als Tag der seelischen Erhebung in der Verfassung geschützt?

    Ja! Art. 139 WRV i.V.m. Art. 140 GG.

13. Wer kann sich auf die kollektive, wer auf die individuelle Religionsfreiheit berufen?

    Kollektiv: Religionsgemeinschaften, Individuell: Individuen.

VI. Kommunikationsfreiheiten
(Art. 5 I)

Art. 5 sichert die Kommunikationsfreiheit. Er beinhaltet **fünf Schutzbereiche**. Im folgenden werden die einzelnen Schutzbereiche samt möglicher Eingriffe dargestellt; die Erläuterungen zur Verfassungsrechtlichen Rechtfertigung erfolgen gemeinsam.

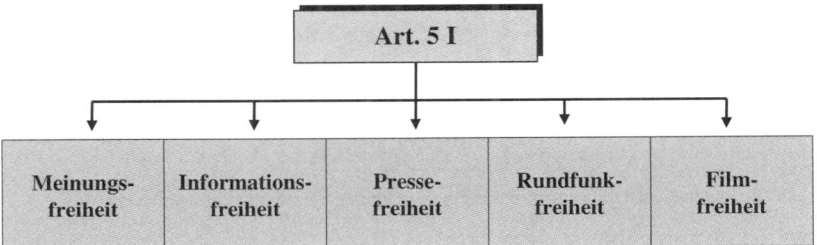

1. Meinungsfreiheit (Art. 5 I 1, 1. Halbsatz)

Schutzbereich ist die Meinungsäußerung. Sie zeichnet sich durch ein **Element wertender Stellungnahme** aus. Dagegen sind Tatsachenbehauptungen grundsätzlich nach den Kategorien „wahr" und „falsch" überprüfbar.

Das **BVerfG** umschreibt „Meinung" wie folgt (E 61, 1/8f.):

> „Konstitutiv für die Bestimmung dessen, was als Äußerung einer „Meinung" vom Schutz des Grundrechts umfasst wird, ist mithin das Element der **Stellungnahme**, des Dafürhaltens, des Meinens im Rahmen einer geistigen Auseinandersetzung; auf den Wert, die Richtigkeit, die Vernünftigkeit der Äußerung kommt es nicht an.
>
> Die **Mitteilung einer Tatsache** ist im strengen Sinne keine Äußerung einer „Meinung", weil ihr jenes Element fehlt. Durch das Grundrecht der Meinungsäußerungsfreiheit geschützt ist sie, weil und soweit sie Voraussetzung der Bildung von Meinungen ist, welche Art. 5 I in seiner Gesamtheit gewährleistet.
>
> Was dagegen nicht zur verfassungsmäßig vorausgesetzten Meinungsbildung beitragen kann, ist nicht geschützt, insbesondere die **erwiesen oder bewusst unwahre Tatsachenbehauptung**. Im Gegensatz zur eigentlichen Äußerung einer Meinung kann es also für den verfassungsrechtlichen Schutz einer Tatsachenmitteilung auf die Richtigkeit der Mitteilung ankommen. (...)"

Die Unterscheidung zwischen Tatsachenbehauptungen (nicht von Art. 5 geschützt) und Werturteilen (geschützt) ist sehr schwierig. Im Zweifel ist eine Äußerung großzügig als Werturteil auszulegen und somit von Art. 5 I geschützt.

Reine **Tatsachenbehauptungen**, die weder mit Werturteilen verbunden sind noch für die Bildung von Meinungen relevant sind, und erwiesene bzw. bewusst unwahre Tatsachenbehauptungen (z.b. „Auschwitzlüge") fallen nicht unter Art. 5 I.

Geschützt wird die **Äußerung und Verbreitung** in Wort, Schrift und Bild. Diese Aufzählung ist nicht abgeschlossen. Ebenso geschützt sind Äußerungen z.b. durch Gebärdensprache oder Schweigen.

Apropos Schweigen: Art. 5 I sichert auch die **negative Meinungsfreiheit**; also das Recht, Meinungen nicht zu äußern und zu verbreiten.

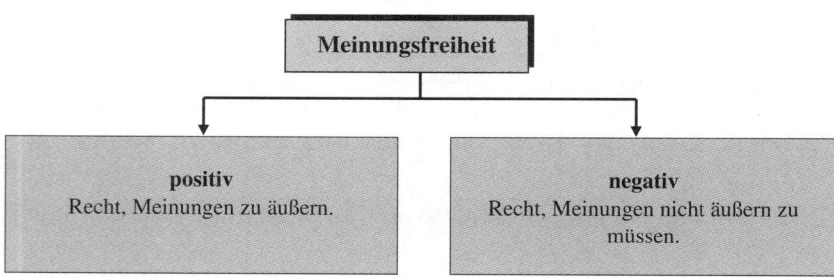

Eingriffe in die positive Meinungsfreiheit können erfolgen durch das Verbot, eine Meinung überhaupt oder in einer gewissen Weise zu äußern. Eingriffe in die negative Meinungsfreiheit sind Gebote, bestimmte Meinungen zu äußern.

> **Beispiel:** Die Verpflichtung der Tabakwarenhersteller zum Aufdruck „Rauchen gefährdet die Gesundheit" könnte ein Eingriff in die negative Meinungsfreiheit sein. Durch den Zusatz „Die EU-Gesundheitsminister warnen..." wird jedoch deutlich, dass der Aufdruck nicht eine Meinung der Tabakwarenhersteller, sondern eine staatliche Warnung darstellt. Deshalb liegt kein Eingriff in die negative Meinungsfreiheit vor.

2. Informationsfreiheit (Art. 5 I 1, 2. Halbsatz)

Schutzbereich ist die Möglichkeit, sich aus allgemein zugänglichen Quellen zu unterrichten. „Allgemein zugänglich" sind solche Quellen, die **technisch geeignet** und dazu **bestimmt** sind, der **Allgemeinheit** Informationen zu verschaffen.

Allgemein zugänglich sind somit Zeitungen des In- und Auslands, Bücher, Sendungen in Rundfunk und Fernsehen, Internet-Auftritte, Plakate, Flugblätter u.a.m. Die Informationsfreiheit begründet keinen Anspruch gegen den Staat auf Beschaffung bestimmter Informationen.

Eingriffe sind staatlich verordnete Maßnahmen mit dem Ziel einer Verhinderung des Informationszugangs; z.B. die Sperrung einer Homepage im Internet.

3. Pressefreiheit (Art. 5 I 2, 1. Variante)

Grundrechtsträger der Pressefreiheit sind alle im Pressewesen tätigen Personen und Unternehmen (Art. 19 III). Der Schutzbereich umfasst die Tätigkeit der Presse.

„Presse" meint die zur Verbreitung geeigneten und bestimmten **Druckerzeugnisse**. Diese Druckerzeugnisse müssen nicht periodisch erscheinen. Auch Flugblätter und Bücher fallen darunter. Für die elektronischen Medien siehe unter *Rundfunkfreiheit*.

Geschützt werden alle pressespezifischen Tätigkeiten von der Recherche einer Meldung bis zur Verbreitung. Der Schutz gilt für alle Druckerzeugnisse gleichermaßen, unabhängig von der Zielgruppe oder der Seriosität.

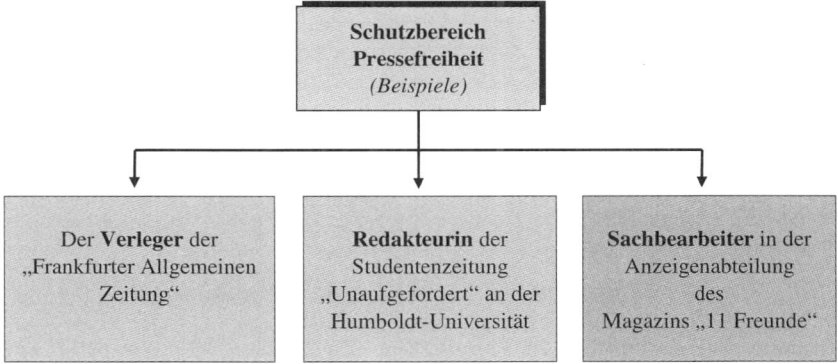

Schutzbereich Pressefreiheit *(Beispiele)*

Der **Verleger** der „Frankfurter Allgemeinen Zeitung"

Redakteurin der Studentenzeitung „Unaufgefordert" an der Humboldt-Universität

Sachbearbeiter in der Anzeigenabteilung des Magazins „11 Freunde"

Eingriffe können wie bei der Meinungsfreiheit erfolgen.

4. Rundfunkfreiheit (Art. 5 I 2, 2. Variante)

Der Rundfunk umfasst auch das Fernsehen. **Grundrechtsträger** sind daher Veranstalter von Rundfunk- und Fernsehsendungen; auch die **öffentlich-rechtlichen Rundfunkanstalten**.

> **Zur Erinnerung**: Grundsätzlich gelten Grundrechte gegenüber dem Staat und schließen deshalb eine Grundrechtsträgerschaft des Staates und seiner Untergliederungen aus. Soweit juristische Personen des öffentlichen Rechts aber dem durch die Grundrechte geschützten Lebensbereich zuzuordnen sind, hält das BVerfG auch diese für grundrechtsfähig.
> Deshalb können sich öffentlich-rechtliche Rundfunkanstalten auf Art. 5 I 2, 2.Variante berufen.

Kein Träger der Rundfunkfreiheit sind die Hörer und Zuschauer. Für sie gilt die Informationsfreiheit.

Das Grundrecht umfasst demnach die **Freiheit der Rundfunkberichterstattung**. Dies reicht, wie bei der Pressefreiheit, von der Beschaffung der Information bis zur Verbreitung von Nachrichten.

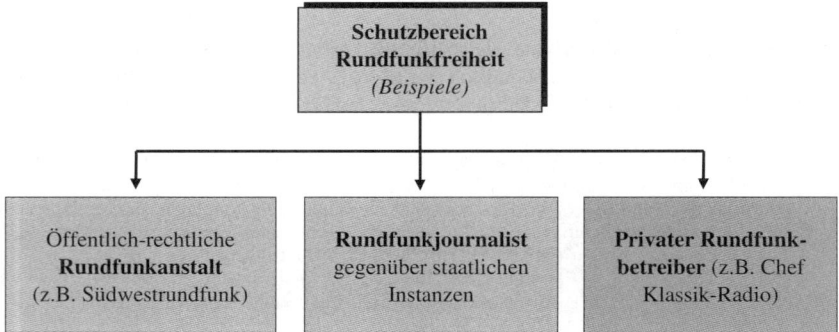

Auf Grundrechte kann sich auch berufen, wem die Stellung als Grundrechtsträger staatlicherseits verweigert werden soll. **Eingriffe** können in der Beschaffung von Information, Ausstrahlung von Sendungen und verweigerten Zulassungen für private Rundfunkbetreiber liegen.

5. Filmfreiheit (Art. 5 I 2, 3. Variante)

Grundrechtsträger sind neben Filmemachern alle Personen, die unmittelbar zur Entstehung eines Filmes beitragen. Dieser Personenkreis ist weit zu ziehen: Die Filmfreiheit ist nicht nur dann verletzt, wenn die Produktion gestört wird, vielmehr auch bei einem Verbot der Aufführung. Deshalb kann sich auch der Kinobetreiber auf die Filmfreiheit berufen.

„Berichterstattung" im Sinne des Art. 5 I 2 umfasst **jede Vermittlung von Inhalten**. Deshalb fallen neben Dokumentarfilmen z.B. auch Spielfilme darunter. Die Filmfreiheit ist eine **Bestandsgarantie** für das gesamte Medium Film.

Filme, die im Fernsehen gezeigt werden, werden bereits durch die Rundfunkfreiheit geschützt. Filme mit künstlerischem Niveau fallen unter die Kunstfreiheit in Art. 5 III, da diese schrankenlos gewährt wird und folglich Eingriffe schwieriger zu rechtfertigen sind. Das Grundrecht eröffnet keinen Anspruch auf staatliche Hilfen, z.B. das Verschaffen von Räumlichkeiten für die Präsentation eines Filmes. Art. 5 I 2, 3. Variante sichert vielmehr vor Beeinträchtigungen durch hoheitliche Gewalt.

Eingriffe können wie bei der Meinungsfreiheit erfolgen.

6. Verfassungsrechtliche Rechtfertigung bei Eingriffen in 1.-5.

Die Erörterung der Verfassungsrechtlichen Rechtfertigung erfolgt für die dargestellten Kommunikationsgrundrechte gemeinsam.

a) Schranke

Gemeinsame Schranke ist **Art. 5 II** („allgemeine Gesetze"). Für die Meinungsfreiheit bei Wehr- und Ersatzdienstpflichtigen gilt Art. 17 a. **Allgemeine Gesetze** sind Gesetze im formellen wie im materiellen Sinn.

> **Zur Erinnerung:** Gesetze im formellen Sinn sind alle Gesetze, die vom Parlament beschlossen werden (z.B. Straßenverkehrsgesetz, StVG). Das Parlament kann aber auch die Verwaltung ermächtigen, Regelungen zu treffen (Art. 80). So ist die Straßenverkehrsordnung (StVO) als Rechtsverordnung der Verwaltung kein formelles Gesetz.
> Da StVG und StVO gleichermaßen Wirkungen für die Unterworfenen haben, sind beide Gesetze im materiellen Sinn.
> Das Parlament kann auch Gesetze beschließen, die keine Wirkungen für die Unterworfenen entfalten. Ein Beispiel ist der Haushaltsplan. Er ist ein nur formelles, kein materielles Gesetz.

Folglich fallen **auch Rechtsverordnungen** und Satzungen der Verwaltung unter die Begriffsbestimmung der „allgemeinen Gesetze".

Allerdings kann **nicht jedes Gesetz „allgemein"** sein. Wäre dies der Fall, wären Art. 5 II Variante 2 und 3 („den gesetzlichen Bestimmungen zum Schutz der Jugend und in dem Recht der persönlichen Ehre") bereits in den „allgemeinen Gesetzen" enthalten und somit überflüssig. Würde „allgemein" nur „nicht speziell für den Einzelfall" meinen, würde es nicht über **Art. 19 I** hinausgehen und wäre ebenfalls überflüssig.

Das Problem wird wie folgt gelöst:

> Nach der **Sonderrechtslehre** sind allgemeine Gesetze solche, die nicht eine Meinung als solche verbieten und damit kein „Sonderrecht" darstellen.

> Nach der **Abwägungslehre** sind allgemeine Gesetze solche, die ein Rechtsgut schützen, das höher zu gewichten sei als die Meinungsäußerung.

Das **BVerfG** findet eine Synthese:

> Es bezeichnet allgemeine Gesetze als solche, „die sich **nicht gegen die Äußerung der Meinung als solche** richten, die vielmehr dem Schutz eines schlechthin, ohne Rücksicht auf eine bestimmte Meinung zu schützenden Rechtsguts dienen, dem **Schutz eines Gemeinschaftswertes**, der gegenüber der Betätigung der Meinungsfreiheit **Vorrang** hat" (E 7, 198/209).

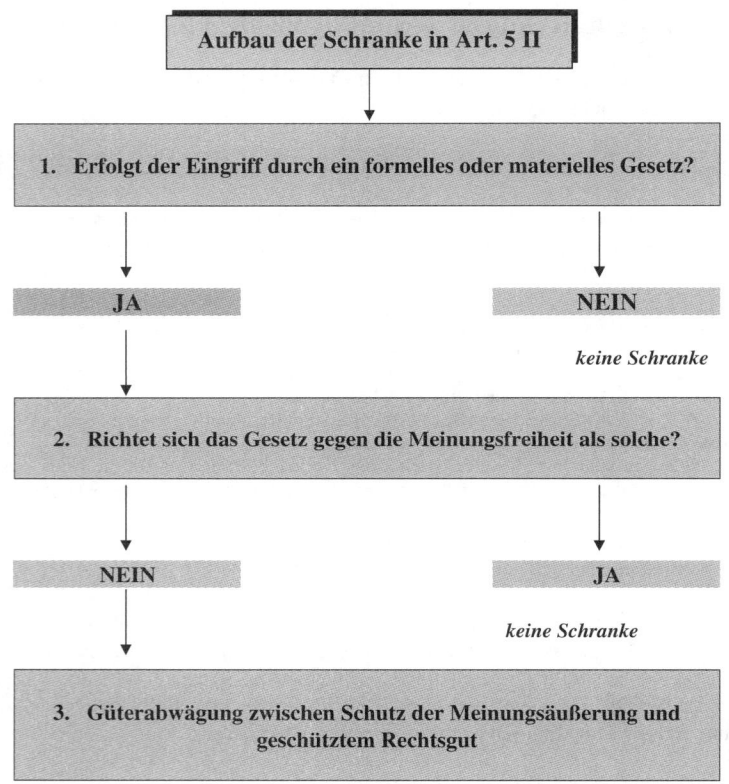

Aufbau der Schranke in Art. 5 II

1. Erfolgt der Eingriff durch ein formelles oder materielles Gesetz?

JA NEIN

keine Schranke

2. Richtet sich das Gesetz gegen die Meinungsfreiheit als solche?

NEIN JA

keine Schranke

3. Güterabwägung zwischen Schutz der Meinungsäußerung und geschütztem Rechtsgut

b) Schranken-Schranken

Die Güterabwägung zwischen dem Schutz der Meinungsäußerung und dem geschützten Rechtsgut erfolgt nach dem Grundsatz der Verhältnismäßigkeit. Allerdings hat hier das BVerfG die **Wechselwirkungslehre** („Schaukeltheorie") entwickelt. Danach ist das beschränkende Gesetz (die Schranke) wieder im Lichte des Grundrechts auszulegen und in dem Rahmen selbst einzuschränken wie es auch das Grundrecht einschränkt.

Entscheidend ist nicht, welches Rechtsgut das beschränkende Gesetz auf abstrakter Ebene schützt. Entscheidend ist, **welches Rechtsgut** im **konkreten Fall** geschützt werden soll. Das beschränkende Gesetz ist auf diesen Fall zu reduzieren. Sodann ist abzuwägen.

Eine weitere Schranken-Schranke stellt das Zensurverbot in Art. 5 I 3 dar. Gemeint ist nur die Vorzensur. Sie darf auch nicht unter den Voraussetzungen des Art. 5 II stattfinden.

Wiederholungsfragen zu Art. 5 I, II

1. Welches sind die fünf Schutzbereiche in Art. 5 I, II?

    Meinungs-, Informations-, Presse-, Rundfunk- und Filmfreiheit.

2. Was ist eine „Meinung" im Sinne von Art. 5 I?

    Eine Äußerung mit einem Element wertender Stellungnahme.

3. Wie unterscheidet sich davon die Tatsachenbehauptung?

    Tatsachenbehauptungen sind auf Wahrheit oder Falschheit überprüfbar.

4. Ist die Aussage „Die Richter-Skripte geben einen klasse Überblick" eine Meinung oder eine Tatsachenbehauptung?

    Eine Meinung...
    obwohl der Verlag natürlich der Auffassung ist, dass sich diese Aussage als „wahr" herausstellen und damit eine Tatsachenbehauptung sein würde ... ;-)

5. Sind Aussagen, die sowohl eine Meinung als auch eine Tatsachenbehauptung enthalten, von Art. 5 I geschützt?

    Ja.

6. Erläutere „negative Meinungsfreiheit"!

    Das Recht, Äußerungen nicht tun zu müssen.

7. Wer kann sich auf die Informationsfreiheit berufen?

    Jeder, der sich informieren will.

8. Was sind „allgemein zugängliche Quellen"?

    Quellen, die technisch geeignet und dazu bestimmt sind, der Allgemeinheit Informationen zu verschaffen.

9. Können sich auch private TV-Sender auf die Pressefreiheit berufen?

    Nein, nur auf die Rundfunkfreiheit!

10. Welche Medien fallen also nur unter die Pressefreiheit?

    Druckerzeugnisse.

11. Welche Tätigkeiten sind von der Pressefreiheit geschützt:
    a) Recherche eines Redakteurs,
    b) Anzeigenaufnahme eines Sachbearbeiters,
    c) Verteilung durch Zeitungskuriere.

    Alle drei.

12. Gilt die Pressefreiheit auch für Comic-Hefte?

    Ja.

13. Kann sich die Studentengruppe, die Flugblätter verteilt, auch auf die Pressefreiheit berufen?

    Ja.

14. Wer ist Träger der Rundfunkfreiheit?

Veranstalter von Rundfunk- und Fernseh-Sendungen.

15. Kann sich auch der öffentlich-rechtliche Rundfunk (ARD, ZDF, arte etc.) auf die Rundfunkfreiheit berufen?

Ja. Zwar können der Staat und seine Untergliederungen grundsätzlich nicht gleichzeitig Grundrechte gewähren und in Anspruch nehmen. Ausnahme sind aber juristische Personen des öffentlichen Rechts, die den durch Grundrechte geschützten Lebensbereichen zuzuordnen sind. Beispiel: Der öffentlich-rechtliche Rundfunk und Art. 5 I.

16. Können sich die Zuschauer von ARD, ZDF, arte usw. auf die Rundfunkfreiheit berufen?

Nein. Für sie kommt nur die Informationsfreiheit in Betracht.

17. Kann sich ein Filmvorführer im Kino auf die Filmfreiheit berufen?

Ja.

18. Fallen Erotikfilme unter die „Freiheit der Berichterstattung durch Film"?

Ja; alle Filme fallen darunter.

19. Welches sind die Schranken von Art. 5 I?

Insbesondere Art. 5 II; für Wehr- und Zivildienstleistende auch der Gesetzesvorbehalt in Art. 17 a.

20. Was sind „allgemeine Gesetze" im Sinne von Art. 5 II?

Gesetze, die nicht eine Meinung als solche verbieten, sondern vielmehr dem Schutz eines Rechtsgutes dienen, der gegenüber der Betätigung der Meinungsfreiheit Vorrang hat.

21. Nach welchem Prinzip erfolgt die Abwägung bei den Schranken-Schranken?

Nach der Wechselwirkungslehre.

22. Erfolgt die Güterabwägung abstrakt oder konkret auf den Fall bezogen?

Konkret.

23. Welche BVerfGE wird mit der „Wechselwirkungslehre" in Verbindung gebracht?

Die „Lüth"-Entscheidung (BVerfGE 7, 198).

VII. Kunst- und Wissenschaftsfreiheit
(Art. 5 III)

Art. 5 III enthält zwei Grundrechte: Die Kunstfreiheit und die Wissenschaftsfreiheit. „Wissenschaft" ist der Oberbegriff für Forschung und Lehre.

1. Kunstfreiheit

a) Schutzbereich

Geschützt ist der **Werk- und Wirkbereich** von Kunst (merken!), unter „Wirkbereich" fällt auch der Verkauf. **Grundrechtsträger** kann jeder sein, nicht nur anerkannte oder berufsmäßige Künstler. Der Begriff der Kunst ist schwer zu definieren. Eine abschließende Definition ist noch nicht geglückt und mit heutigem Kenntnisstand wahrscheinlich auch nicht möglich. Es gibt jedoch drei Ansätze.

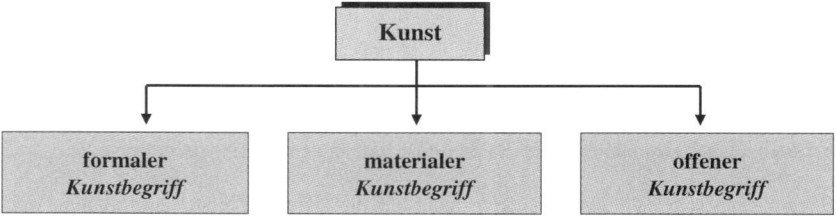

Unter dem **formalen** Kunstbegriff werden bestimmte **Werktypen** verstanden (Malerei, Lyrik, Sinfonie, Installation). Nach dem **materiellen** Kunstbegriff wird „die freie **schöpferische Gestaltung**, in der Eindrücke, Erfahrungen und Erlebnisse des Künstlers durch das Medium einer bestimmten Formensprache zu unmittelbarer Anschauung gebracht werden" als wesentlich angesehen. (BVerfGE 30, 173/188f.)

Dagegen zeichnet den **offenen** Kunstbegriff aus, dass es wegen der „Mannigfaltigkeit ihres Aussagegehalts möglich ist, der Darstellung im Wege einer fortgesetzten Interpretation **immer weiterreichende Bedeutungen zu entnehmen**".

Der Staat kann nicht sein Kunstverständnis mit dem Schutzbereich von Art. 5 III 1. Variante gleichsetzen. Im Zweifel wird „Kunst" **weit ausgelegt**. Auch ungewöhnliche Ausdrucksformen fallen darunter (verpackter Reichstag, Pantomime, Graffiti [str.]). Ebenfalls sind Vorbereitungshandlungen und Proben geschützt. Auch die **Satire** fällt unter die Kunstfreiheit.

b) Eingriff

Eingriffe können durch Verbote, Sanktionen oder tatsächlichen Maßnahmen geschehen (siehe Art. 5 I).

2. Wissenschaftsfreiheit

a) Schutzbereich

Wissenschaft ist der ernsthafte, auf einen gewissen Kenntnisstand aufbauende Versuch der **Ermittlung wahrer Erkenntnisse** durch methodisch geordnetes und kritisch reflektierendes Denken.

Grundrechtsträger ist jeder, der in Wissenschaft, Forschung und Lehre tätig ist. Einziger Vorbehalt ist die Treuepflicht gemäß Art. 5 III 2, die keine Schranke darstellt, sondern bereits den Schutzbereich reduziert.

Damit kann sich jeder Professor, Dozent und auch Student auf die Wissenschaftsfreiheit berufen. Ebenso darauf berufen können sich die **staatlichen Hochschulen**. Der Grundsatz, dass der Staat und seine Untergliederungen nicht gleichzeitig Grundrechte gewähren und in Anspruch nehmen können, gilt hier ausnahmsweise nicht.

> **Zur Erinnerung:** Dies gilt auch für die öffentlich-rechtlichen Rundfunkanstalten (ARD, ZDF, arte usw.) in Bezug auf die Rundfunkfreiheit in Art. 5 I und Kirchen sowie Religionsgemeinschaften bei Art. 4, 140.

Schulen können sich nicht auf Art. 5 II berufen; Art. 7 I geht als lex specialis vor.

Ebenso kann sich nach einer Meinung nicht auf die Wissenschaftsfreiheit berufen, wer Forschung am lebenden Menschen vornimmt (Verstoß gegen Art. 1 I und Art. 2 II 1) oder andere Personen im Rahmen einer „soziologischen Untersuchung" heimlich filmt oder abhört (Verstoß gegen Art. 2 I i.V.m. Art. 1 I). Nach einer anderen Ansicht ist der Schutzbereich eröffnet und die Handlungen sind im Rahmen der verfassungsimmanenten Schranken unzulässig.

b) Eingriff

Eingriffe können wie bei Art. 5 I durch **Verbote, Sanktionen** u.ä. erfolgen. Ein möglicher Eingriff wäre es, wenn der Staat keine finanziellen Mittel mehr für den Hochschulbau bereitstellen würde. Gleiches würde gelten, wenn keine Bibliothek einer Universität mehr Bücher oder Periodika anschaffen könnte. Kein Eingriff sind Mittelkürzungen oder – umschichtungen.

Ein Eingriff wäre das Verbot des Bezugs einer wissenschaftlichen Zeitschrift aus einem kommunistischen Land.

Ebenso ein Eingriff wäre ein staatliches Verbot in bestimmten Bereichen zu forschen. So ist das Verbot des **Klonens von Menschen** ein Eingriff in die Wissenschaftsfreiheit, der aber verfassungsrechtlich gerechtfertigt und u.U. auch geboten ist.

3. Verfassungsrechtliche Rechtfertigung

Art. 5 III kennt für die Kunst- und Wissenschaftsfreiheit keinen Gesetzesvorbehalt. Die in Art. 5 III 2 verlangte „Treue zur Verfassung" ist kein Vorbehalt, sondern stellt vielmehr eine Verkürzung des Schutzbereiches dar.

Die Gesetzesvorbehalte anderer Grundrechte (z.B. Art. 2 I) kommen aufgrund ihrer **Eigenständigkeit** nicht in Betracht. Insbesondere können die Schranken von Art. 5 I nicht übernommen werden, da Art. 5 III eine lex specialis ist. Eingriffe können folglich nur bei kollidierendem Verfassungsrecht gerechtfertigt sein.

Diese verfassungsimmanenten Schranken können Grundrechte Dritter oder der Schutz wichtiger Verfassungsgüter sein.

> **Beispiel:** Ein Verleger kündigt den neuen Roman „Mephisto" an. Darin wird eine fiktive Geschichte erzählt. Kundige Leser erkennen im Protagonisten allerdings den verstorbenen Regisseur Gustav Gründgens. Aus Angst, Leser könnten den Roman für eine Biographie statt für eine erfundene Geschichte halten, möchte der Erbe Gründgens den Roman verhindern.
> Das BVerfG (E 30, 173, 193ff.) entschied, dass die Kunstfreiheit des Verlegers durch das kollidierende Persönlichkeitsrecht (Art. 2 I i.V.m. Art. 1 I) beschränkt sei. Das Persönlichkeitsrecht Gründgens´ wirke auch über seinen Tod hinaus. Allerdings verblasse das Persönlichkeitsrecht im Laufe der Zeit. Inzwischen ist der Roman wieder erhältlich.

Wiederholungsfragen zu Art.5 III

1.	Welche Ansätze gibt es zur Definition von „Kunst"?	Der formale, materielle und offene Kunstbegriff.
2.	Wer kann sich auf die Kunstfreiheit berufen?	Jeder, der künstlerisch tätig ist, auch der Hobbykünstler.
3.	Ist der Begriff „Kunst" weit oder eng auszulegen?	Weit: Im Zweifel ist es Kunst.
4.	Was ist Wissenschaft?	Der ernsthafte Versuch der Ermittlung wahrer Erkenntnisse durch methodisch geordnetes und kritisch reflektierendes Denken. (merken!)
5.	Können sich Gymnasiallehrer auf die Wissenschaftsfreiheit berufen?	Nein; Art. 7 I geht als lex specialis vor.
6.	Warum gilt der Gesetzesvorbehalt von Art. 5 II nicht auch für Art. 5 III?	Art. 5 III ist lex specialis zu Art. 5 I. Ebenso verweist der Wortlaut von Art. 5 II nur auf Art. 5 I („diese Rechte").

Übungsfall 4:
Der Australier A ist ein bekannter Leugner des Holocaust. Dazu hat er ein Buch veröffentlicht, in dem er andere Leugner wörtlich zitiert. Quellenmaterial, das den Massenmord an den Juden belegt, lässt er weg. Während einer „Vortragsreise" in Deutschland wird A nach § 130 III StGB letztinstanzlich zu einer hohen Geldstrafe verurteilt. Dagegen legt er mit Hinweis auf seine Wissenschafts- und Meinungsfreiheit beim BVerfG Verfassungsbeschwerde ein. Wird A Erfolg haben?

> **§ 130 III StGB:** „Mit Freiheitsstrafe bis zu fünf Jahren oder mit Geldstrafe wird bestraft, wer eine unter der Herrschaft des Nationalsozialismus begangene Handlung der in § 220 a I [Völkermord] bezeichneten Art in einer Weise, die geeignet ist, den öffentlichen Frieden zu stören, öffentlich oder in einer Versammlung billigt, leugnet oder verharmlost."

Lösungsvorschlag

Die Verfassungsbeschwerde des A ist erfolgreich, wenn sie zulässig und begründet ist.

Zuständigkeit des Bundesverfassungsgerichts
Das Bundesverfassungsgericht ist für die Verfassungsbeschwerde des A nach Art. 93 I Nr. 4a, §§ 13 Nr. 8a, 90ff. BVerfGG zuständig.

I. Zulässigkeit
Die Verfassungsbeschwerde müsste zulässig sein.

1. Beschwerdefähigkeit:
A könnte als „jedermann" im Sinne des Art. 93 I Nr. 4a, § 90 I BVerfGG beschwerdefähig sein. Allerdings ist A Ausländer. Diese sind nur beschwerdefähig, wenn sie sich auf ein Grundrecht berufen, das Ausländern zukommen kann. Die Grundrechte der Meinungs- und Wissenschaftsfreiheit in Art. 5 gelten allgemein und kommen damit auch Ausländern zu. Folglich ist A beschwerdefähig.

2. Prozessfähigkeit:
Weiterhin ist A fähig, Grundrechte prozessual geltend zu machen.

3. Beschwerdegegenstand:
Schließlich müsste sich die Verfassungsbeschwerde nach § 90 I BVerfGG gegen einen Akt der öffentlichen Gewalt richten. Die Verurteilung zu einer hohen Geldstrafe stellt eine Handlung der Judikative und damit einen Akt der öffentlichen Gewalt dar, gegen den sich A richtet.

4. *Beschwerdebefugnis:*
A müsste auch beschwerdebefugt sein.

a) *Möglichkeit der Grundrechtsverletzung:* Es erscheint zumindest als möglich, dass A in seiner Wissenschafts- und Meinungsfreiheit aus Art. 5 betroffen ist.

b) *Selbst, unmittelbar und gegenwärtig betroffen:* Das Urteil hat A als Person selbst, unmittelbar ohne einen weiteren Zwischenakt und gegenwärtig betroffen.

c) *Besondere Voraussetzung bei einer Verfassungsbeschwerde gegen Urteil:* Weiterhin müsste A behaupten, dass das Gericht die Ausstrahlungswirkung des Grundrechts aus Art. 5 verkannt hat. A legt seine Verfassungsbeschwerde mit Hinweis auf die Wissenschafts- und Meinungsfreiheit ein. Damit behauptet er eine Verletzung spezifischen Verfassungsrechts.
Folglich ist A beschwerdebefugt.

5. *Erschöpfung des Rechtsweges:*
A ist letztinstanzlich verurteilt. Damit ist der Rechtsweg (§ 90 II BVerfGG) erschöpft.

6. *Rechtsschutzbedürfnis:*
Es ist kein einfacheres oder billigeres Mittel in Sicht, das Ziel zu erreichen. Damit hat A Rechtsschutzbedürfnis.

7. *Form und Frist:*
Zuletzt müsste A die Verfassungsbeschwerde form- und fristgerecht gemäß §§ 23 I, 92, 93 BVerfGG eingereicht haben. Davon ist auszugehen.
Damit ist die Verfassungsbeschwerde des A gegen das Urteil zulässig.

II. Begründetheit

Die Verfassungsbeschwerde müsste auch begründet sein. Der Prüfungsumfang einer Verfassungsbeschwerde gegen ein Urteil ist beschränkt auf die Verletzung spezifischen Verfassungsrechts. Hier kommen Art. 5 III und Art. 5 I 1, 1.Halbsatz in Betracht.

1. Wissenschaftsfreiheit, Art. 5 III

Schutzbereich: Es könnte der Schutzbereich der Wissenschaftsfreiheit eröffnet sein. Wissenschaft ist der ernsthafte, auf einen gewissen Kenntnisstand aufbauende Versuch der Ermittlung wahrer Erkenntnisse durch methodisch geordnetes und kritisch reflektierendes Denken. Im Buch des A werden lediglich andere Personen zitiert. Auf eine Auseinandersetzung mit Quellenmaterial, das den Massenmord an den Juden belegt, verzichtet er. Folglich liegt kein ernsthafter Versuch der Ermittlung wahrer Erkenntnisse vor. Der Schutzbereich der Wissenschaftsfreiheit aus Art. 5 III ist nicht eröffnet.

2. Meinungsfreiheit, Art. 5 I 1, 1.Halbsatz

a) *Schutzbereich:* Es könnte der Schutzbereich der Meinungsfreiheit eröffnet sein. Meinungen sind Stellungnahmen mit wertendem Element. Insofern lassen sie sich nicht als wahr oder unwahr erweisen. Die von A publizierten Inhalte sind keine Meinungen in diesem Sinne. Vielmehr konstruiert er alternative historische Begebenheiten. Es könnte sich somit um Tatsachenbehauptungen handeln. Allerdings sind Interpretationen der Geschichte immer zu einem gewissen Grad spekulativ. Auch liegt in der Zusammenstellung verschiedenster Aussagen in einem Buch ein wertendes Element. Damit ist der Schutzbereich des Art. 5 I 1, 1. Halbsatz eröffnet.

b) *Eingriff:* In diesen Schutzbereich müsste durch das Urteil eingegriffen worden sein. Eingriff ist jede staatliche Hoheitsmaßnahme, die dem einzelnen eine Handlung, die in seinen Schutzbereich fällt, erschwert oder verhindert. Durch das Urteil wird A die Verbreitung seiner Thesen erschwert. Damit ist ein Eingriff gegeben.

c) *Verfassungsrechtliche Rechtfertigung:* Dieser Eingriff ist verfassungsrechtlich gerechtfertigt, wenn § 130 III StGB als allgemeines Gesetz im Sinne des Art. 5 II das Grundrecht auf Meinungsfreiheit einschränken könnte. Allgemeine Gesetze sind dann gegeben, wenn sie sich nicht gegen eine Äußerung einer Meinung als solches richten, sondern andere Rechtsgüter schützen sollen. § 130 III StGB richtet sich gerade gegen geäußerte Meinungen. Daher könnte § 130 III StGB kein allgemeines Gesetz im Sinne des Art. 5 II darstellen.

Nach Ansicht des BVerfG (E 90, 241 – Auschwitzlüge) kann es aber zwingende Gründe geben, § 130 III StGB als allgemeines Gesetz zu betrachten. Dies sei im Rahmen einer Abwägung zu ermitteln. Danach müssen die Meinungsfreiheit und das durch das Gesetz geschützte Rechtsgut, hier der öffentliche Friede, gewichtet werden. Zu berücksichtigen sind hier der Anteil unwahrer Tatsachenbehauptungen im Buch des A, was das Gewicht der Meinungsfreiheit verringert, und das Interesse an der Gestaltung einer humanen Gesellschaft, in der nicht unter dem Deckmantel der Meinungsfreiheit friedensgefährdende Parolen verbreitet werden. Dieses Interesse überwiegt hier.

Ergebnis: Die Verfassungsbeschwerde des A ist unbegründet.

VIII. Schutz von Ehe und Familie
(Art. 6)

Art. 6 beinhaltet **Abwehrrechte** gegen den Staat (I – III) und **Leistungsrechte** (I, IV, V). Ehe ist der nach außen bekundete Treuebund zwischen zwei Menschen. Nach herrschender, aber abzulehnender Meinung umfasst dies nur den Bund zwischen Mann und Frau, nicht den zwischen **gleichgeschlechtlichen Partnern**.

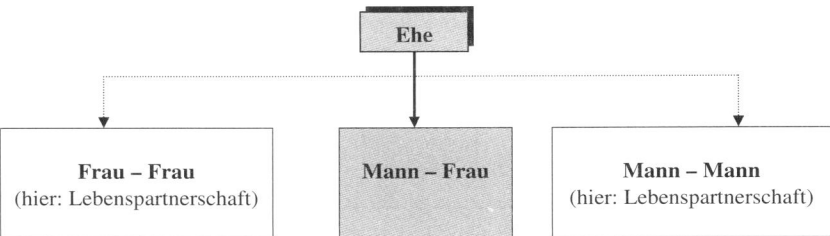

Die Ehe beinhaltet als sozialen Akt die **intensivsten Treueversprechen**, die Menschen abzugeben im Stande sind. Zahlreiche rechtliche Folgen knüpfen sich an die Ehe. Der in Art. 6 I vorgesehene „besondere Schutz" zeigt sich u.a. im Erb-, Steuer- und Ausländerrecht.

Nichteheliche Lebensgemeinschaften fallen nicht unter die „Ehe", da sie auf den in der Öffentlichkeit anerkannten Treueschwur verzichten.

„**Familie**" ist das Beziehungsverhältnis zwischen Eltern und Kindern. Auf die rechtliche Stellung der Kinder (Adoptiv-, Stief- oder Pflegekinder) kommt es ebenso wenig an wie auf ihr Alter.

Eingriffe sind Freiheit beschränkende Regelungen zu Ehe und Familie. Keine Einschränkungen sind Definitionsregeln über die Frage, was Ehe und Familie sind.

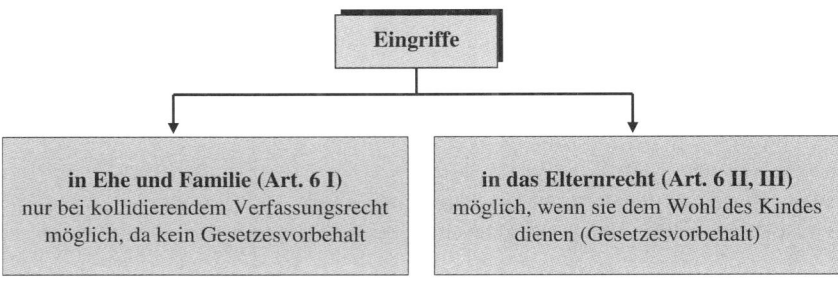

Schranken-Schranke ist die Institutsgarantie der Ehe und Familie.

IX. Schulwesen und Privatschulfreiheit
(Art. 7)

Art. 7 sichert Institutionen und gewährt subjektive Rechte. Absatz I enthält eine implizite Begründung der **Schulpflicht**: Wenn die Erziehungsberechtigten ausdrücklich über die Teilnahme des Kindes am Religionsunterricht entscheiden können, können sie immerhin nicht über die Frage der Teilnahme am Unterricht insgesamt entscheiden.

Die allgemeine Schulpflicht **begrenzt das Elternrecht** in Art. 6 II. Bestätigt wird dieses Recht hingegen zur Frage der Teilnahme am Religionsunterricht.

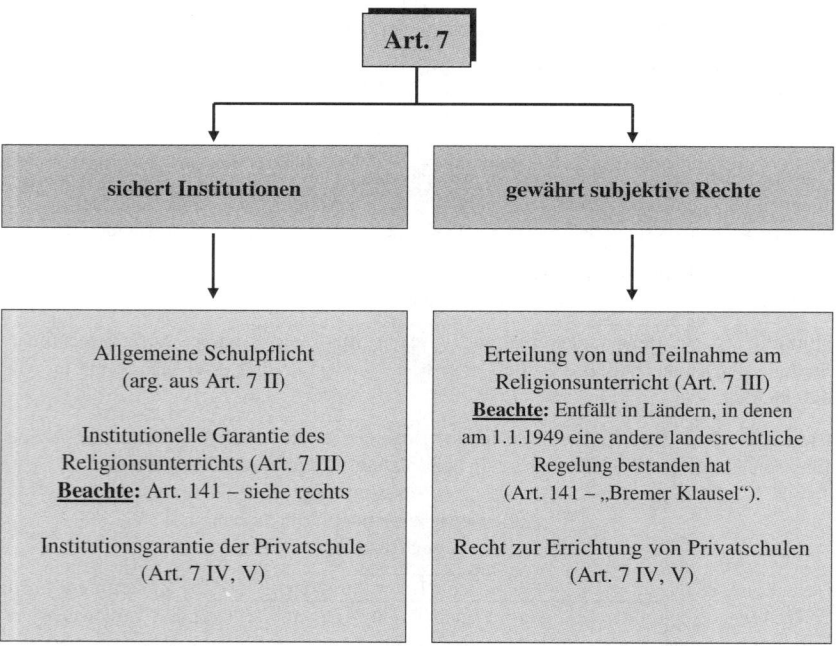

Eingriffe können durch staatliche Akte passieren wie die Nichtgenehmigung einer Privatschule oder die verbindliche Abschaffung des Religionsunterrichts für alle Schüler.

Die Verfassungsrechtliche Rechtfertigung folgt aus der in Art. 7 I niedergelegten **Schulaufsicht**. Sie ist die Gesamtheit der staatlichen Befugnisse zur Organisation, Planung, Leitung und Beaufsichtigung des Schulwesens.

X. Versammlungsfreiheit
(Art. 8)

Die Versammlungsfreiheit ist als ein Kommunikationsgrundrecht von zentraler Bedeutung. Weitere Kommunikationsgrundrechte sind Art. 5 und 9.

1. Schutzbereich

Grundrechtsträger sind alle Deutschen. Ausländer können sich für die Versammlungsfreiheit nur auf den schwächeren Art. 2 I berufen. „Schwächer" ist Art. 2 I deshalb, weil dieser einen Gesetzesvorbehalt kennt. Dagegen kennt Art. 8 nur einen Vorbehalt für Versammlungen unter freiem Himmel; Versammlungen in geschlossenen Räumen werden vorbehaltlos gewährt.

Auf Art. 8 I können sich auch **juristische Personen des Privatrechts** berufen. Diese treten regelmäßig als Veranstalter von Versammlungen auf.

Das Grundrecht schützt nur Versammlungen. Nicht geschützt sind Ansammlungen. Beide zeichnen sich durch ein Zusammentreffen von Menschen aus, der Ansammlung fehlt aber die **verbindende Struktur.**

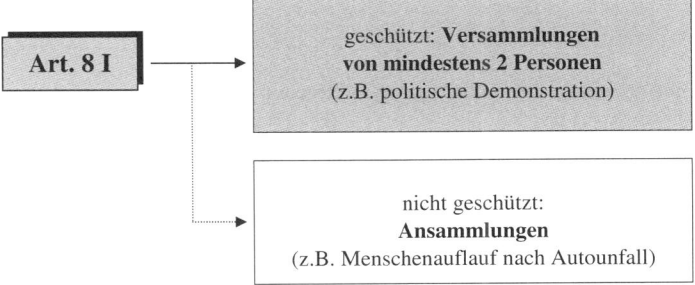

Versammlungen sind nicht nur politische Demonstrationen, sondern **Zusammenkünfte aller Art**, solange ihnen eine verbindende Struktur zukommt. Geschützt wird neben der Durchführung der Versammlung auch die **Vorbereitung** und die An- und Abreise.

Der Schutzbereich ist auf **friedliche und waffenlose Versammlungen** beschränkt. Veranstalter oder Teilnehmer von unfriedlichen Versammlungen können sich nicht auf das Grundrecht berufen. Der Begriff „Waffen" wird in § 1 WaffG beschrieben.

Keine Versammlungen sind Love-Parade, „Chaos-Tage" oder die eine zeitlang in Berlin in Mode gekommenen Nackt-Tanz-Demos; dagegen aber das gutbürgerliche Straßenfest (verbindend wirkt die gemeinsame Anliegerstellung).

2. Eingriff

Eingriffe in die Versammlungsfreiheit sind alle rechtlichen und faktischen Maßnahmen, die die Vorbereitung, Durchführung, An- oder Abreise behindern. Darunter fallen z.b. Anmelde- und Erlaubnispflichten, sowie Verbot und Auflösung einer Versammlung.

3. Verfassungsrechtliche Rechtfertigung

a) Schranke

Der Gesetzesvorbehalt von Art. 8 II gilt nur für Versammlungen **unter freiem Himmel**. Damit soll erreicht werden, dass störungsanfällige oder gefährliche Versammlungen angemeldet werden müssen.

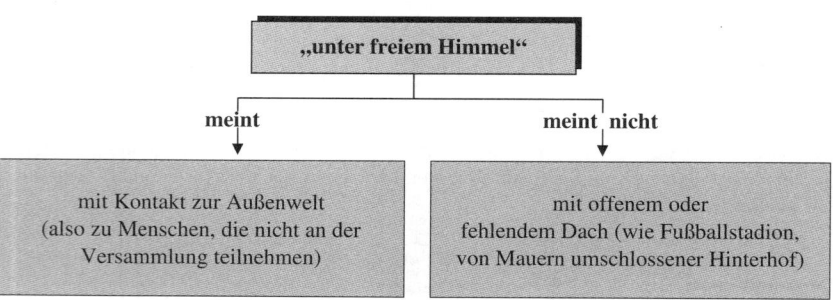

Folglich fallen Versammlungen in Fußballstadien im Regelfall nicht unter Art. 8 II.

Die Beschränkung kann **durch** oder aufgrund eines **Gesetzes** erfolgen. Zu nennen ist an erster Stelle das Versammlungsgesetz des Bundes. Mit dem Inkrafttreten der Föderalismusreform haben die Bundesländer die Gesetzgebungskompetenz im Versammlungsrecht. Die meisten Länder haben von dieser Kompetenz **keinen** Gebrauch gemacht, also gilt dort das Versammlungsgesetz des Bundes weiter.

§ 14 VersG:
(1) Wer die Absicht hat, eine öffentliche Veranstaltung unter freiem Himmel oder einen Aufzug zu veranstalten, hat dies spätestens 48 Stunden vor der Bekanntgabe der zuständigen Behörde unter Angabe des Gegenstandes der Versammlung oder des Aufzuges anzumelden.
(2) In der Anmeldung ist anzugeben, welche Person für die Leitung der Versammlung oder des Aufzugs verantwortlich sein soll.

Von Bedeutung ist auch die **ordnungsrechtliche Generalklausel**:

§ 15 VersG:
(1) Die zuständige Behörde kann die Versammlung oder den Aufzug verbieten oder von bestimmten Auflagen abhängig machen, wenn nach den zur Zeit des Erlasses der Verfügung erkennbaren Umständen die öffentliche Sicherheit oder Ordnung bei Durchführung der Versammlung oder des Aufzugs unmittelbar gefährdet ist.

(2) Sie kann eine Versammlung oder einen Aufzug auflösen, wenn sie nicht angemeldet sind, wenn von den Angaben der Anmeldung abgewichen oder den Auflagen zuwidergehandelt wird oder wenn die Voraussetzungen zu einem Verbot nach Absatz 1 gegeben sind.
(3) Eine verbotene Veranstaltung ist aufzulösen.

Versammlungen in geschlossenen oder umschlossenen Räumen fallen nicht unter die Schranke des Art. 8 II. Hier kommt als Schranke nur kollidierendes Verfassungsrecht in Betracht (z.B. Leib und Leben der Versammlungsteilnehmer).

b) Schranken-Schranken

Bei den Schranken-Schranken greift wieder das Prinzip der Verhältnismäßigkeit (legitimer öffentlicher Zweck, Geeignetheit, Erforderlichkeit, Verhältnismäßigkeit im engeren Sinne [= Angemessenheit]). Bei der Abwägung ist an die hohe Bedeutung des Versammlungsrechtes für die freiheitlich-demokratische Grundordnung zu denken.

Wiederholungsfragen zu Art. 6, 7 und 8

1.	Definiere Familie!	Das Beziehungsverhältnis von Eltern und Kindern.
2.	Zählen zu „Kinder" im Sinne von Art. 6 auch a) Adoptivkinder, b) Stiefkinder, c) Kinder, die das 18. Lebensjahr erreicht haben?	a) – c): Ja.
3.	Welche Norm enthält implizit die Schulpflicht?	Art. 7 I.
4.	In welchen Ländern gilt die Regelung für den Religionsunterricht in Art. 7 III 1 nicht?	Alle Länder, in denen am 1. Januar 1949 eine andere landesrechtliche Regelung bestand. So sagt es Art. 141. Da dies in Bremen so war, heißt sie „Bremer Klausel". Aber auch einige junge Bundesländer fallen darunter.
5.	Welches sind die drei Kommunikationsgrundrechte?	Art. 5, 8, 9.
6.	Wer ist Grundrechtsträger der Versammlungsfreiheit?	Alle Deutschen sowie juristische Personen des Privatrechts.
7.	Was ist der Unterschied zwischen Versammlung und Ansammlung?	Die Versammlung ist durch eine verbindende Struktur gekennzeichnet.

XI. Vereinigungs- und Koalitionsfreiheit
(Art. 9)

Art. 9 I gewährt die allgemeine Vereinigungsfreiheit. Ein Sonderfall dazu ist Art. 9 III, der das Recht schützt, Vereinigungen zur Wahrung und Förderung der Arbeits- und Wirtschaftsbedingungen zu bilden (Koalitionsfreiheit). Dazu siehe unten.

1. Schutzbereich

Grundrechtsträger sind alle Deutschen. Auf juristische Personen des Privatrechts ist die Vereinigungsfreiheit ihrem Wesen nach anwendbar (Art. 19 III).

Art. 9 I umfasst einen **weiten Vereinsbegriff.** Das BVerfG bezeichnet es als das Recht der „freien sozialen Gruppenbildung". Dabei ist § 2 I VereinsG ausschlaggebend, der keine besondere Rechtsform verlangt.

§ 2 I VereinsG:
Verein im Sinne dieses Gesetzes ist ohne Rücksicht auf die Rechtsform jede Vereinigung, zu der sich eine Mehrheit natürlicher oder juristischer Personen für längere Zeit zu einem gemeinsamen Zweck freiwillig zusammengeschlossen und einer organisierten Willensbildung unterworfen hat.

Art. 9 I stellt sich darüber hinaus als Doppelgrundrecht dar:

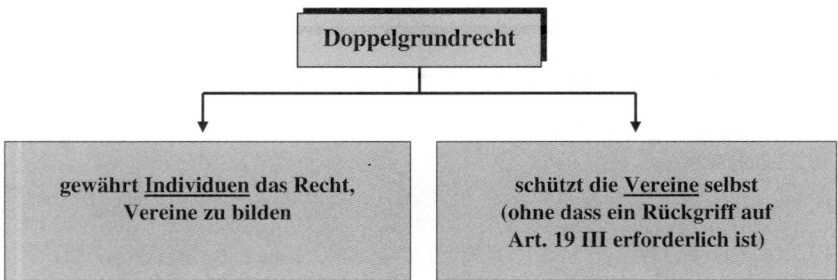

Geschütztes Verhalten sind die Gründung und der Bestand eines Vereins. Die **negative Vereinigungsfreiheit** sichert das Recht des Austritts und Fernbleibens.

Dies gilt auf jeden Fall für privatrechtliche Vereine, nach herrschender Ansicht aber **nicht für öffentlich-rechtliche Verbände.** Ihre Gründung wird auch nicht nach Art. 9 I geschützt, sie entstehen vielmehr durch Rechtssatz, Verwaltungsakt oder öffentlich-rechtlichen Vertrag.

Hinweis: Zu den Einzelheiten siehe Richter-Skripte „Verwaltungsrecht", Band 11 und 14.

2. Eingriff

Staatliche Eingriffe können die Gründung, das Bestehen oder die Auflösung eines Vereins betreffen. Keine Eingriffe stellen Ordnungsvorschriften dar, die Typen der Vereinigungen festlegen (z.B. GbR, GmbH). Schärfster Eingriff ist das Verbot einer Vereinigung.

3. Verfassungsrechtliche Rechtfertigung

Art. 9 II ist nicht eine Schutzbereichsbegrenzung (ähnlich Art. 8 I), sondern als verfassungsrechtliche Rechtfertigung für einen Eingriff zu werten. Dafür spricht ein Vergleich mit Art. 21 II: Verfassungswidrige Parteien fallen nicht aus dem Schutzbereich des Art. 21, vielmehr ist ihr Verbot verfassungsrechtlich gerechtfertigt.

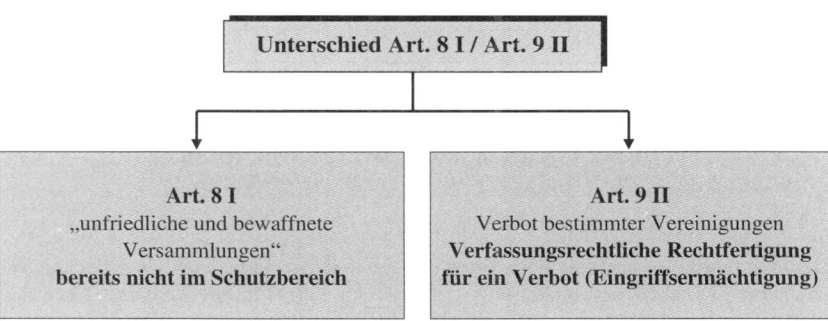

Die Verbotsgründe sind in Art. 9 II abschließend aufgezählt. Unter „**verfassungsmäßiger Ordnung**" wird aufgrund der sachlichen Zusammengehörigkeit mit Art. 21 II 1 die „Freiheitlich - Demokratische Grundordnung" verstanden.

> Zur Erinnerung: Die Freiheitlich - Demokratische Grundordnung ist eine Ordnung, die „unter Ausschluss jeglicher Gewalt- und Willkürherrschaft eine rechtsstaatliche Herrschaftsordnung auf der Grundlage der Selbstbestimmung des Volkes nach dem Willen der jeweiligen Mehrheit und der Freiheit und der Gleichheit darstellt.

> Zu den **grundlegenden Prinzipien** dieser Ordnung sind mindestens zu rechnen:

> Die Achtung vor den im Grundgesetz konkretisierten Menschenrechten, vor allem vor dem Recht der Persönlichkeit auf Leben und freie Entfaltung, die Volkssouveränität, die Gewaltenteilung, die Verantwortlichkeit der Regierung, die Gesetzmäßigkeit der Verwaltung, die Unabhängigkeit der Gerichte, das Mehrparteienprinzip und die Chancengleichheit für alle politischen Parteien auf verfassungsmäßige Bildung und Ausübung einer Opposition." (**BVerfGE 2, 1/12f.** – SRP-Urteil)

4. Koalitionsfreiheit

Art. 9 III gewährt für jedermann und für alle Berufe das Recht, zur **Wahrung** und **Förderung** der **Arbeits- und Wirtschaftsbedingungen** Vereinigungen (Koalitionen) zu bilden. Dies gilt für Arbeitnehmer und Arbeitgeber.

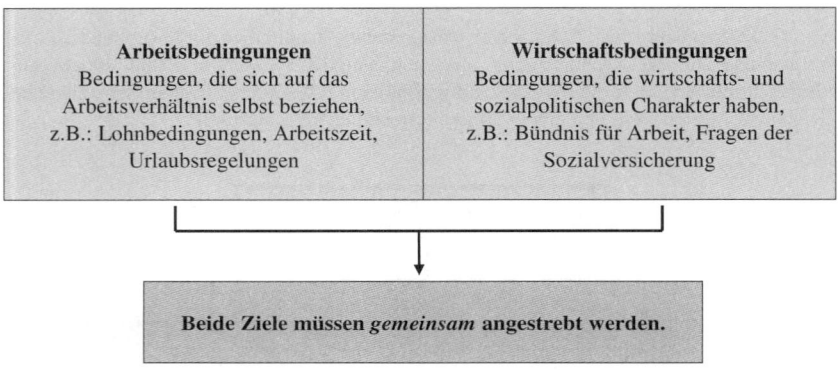

Die Koalitionsfreiheit schützt diese Vereinigungen in ihrem Bestand und ihrer Betätigung. Geschützt ist neben der Interessenvertretung auch die Mitgliederwerbung. Über die Verfolgung ihrer Ziele kann die Koalition frei und eigenverantwortlich entscheiden.

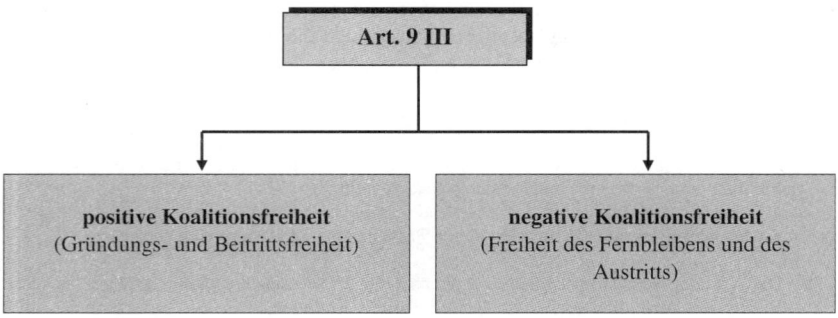

Hauptaufgabe der Koalitionen ist der Abschluss von **Tarifverträgen**. In diesem Bereich hat sich der Staat weit zurückgenommen. Arbeitnehmer und Arbeitgeber regeln dies eigenverantwortlich und grundsätzlich ohne staatliche Einflussnahme (**Tarifautonomie**). Damit dient die Koalitionsfreiheit einer sinnvollen Ordnung des Arbeitslebens.

Das BVerfG will die Koalitionsfreiheit in Art. 9 III nur in einem **Kernbereich** schützen lassen. Die Koalitionen besitzen keinen inhaltlich unbegrenzten oder unbegrenzbaren Handlungsspielraum.

Vielmehr darf der Gesetzgeber die Reichweite der Koalitionsfreiheit einfachgesetzlich bestimmen. Allerdings dürfen dem Betätigungsfeld nur solche Schranken gezogen werden, die zum Schutz anderer Rechtsgüter von der Sache her geboten sind.

Koalitionen sind nur geschützt, wenn sie **drei Merkmale** aufweisen:

Gegnerfreiheit (nur Arbeitgeber oder Arbeitnehmer sind Mitglied)	**Unabhängigkeit** (wirtschaftliche Selbständigkeit gegenüber der Gegnerseite)	**Überbetrieblichkeit** (mehr als ein Betrieb ist in der Koalition vertreten)

Beispiele: Gewerkschaften und Arbeitgeberverbände; auch die Spitzenorganisationen Deutscher Gewerkschaftsbund (DGB) und Bundesvereinigung der deutschen Arbeitgeberverbände.

Das **Arbeitskampfrecht** wird besonders in Art. 9 III 3 erwähnt und gewährleistet. Allerdings müssen die Arbeitskämpfe zur Wahrung und Förderung der Arbeits- und Wirtschaftsbedingungen geführt werden.

Art. 9 III schützt die Koalitionen nicht nur gegenüber dem Staat, sondern auch gegen rechtswidrige Beeinträchtigungen durch Private (Art. 9 III 2). Damit kommt dem Grundrecht kraft ausdrücklicher Verfassungsbestimmung **Drittwirkung** zu. Daher sichert Art. 9 III auch das Recht auf Streik und Aussperrung.

Schranke für einen Eingriff ist kollidierendes Verfassungsrecht. Keine Schranke ist Art. 9 II.

XII. Brief-, Post- und Fernmeldegeheimnis (Art. 10)

Mit Art. 10 wird – ebenso wie durch Art. 13 (Unverletzlichkeit der Wohnung) – die Privatsphäre geschützt.

1. Schutzbereich

Grundrechtsträger sind alle Menschen, auch juristische Personen des Privatrechts (wie die Siemens AG, Deutsche Bank AG, etc.). Nicht geschützt sind juristische Personen des öffentlichen Rechts, da der Staat nicht gleichzeitig Grundrechte gewähren und selbst in Anspruch nehmen kann.

a) Briefgeheimnis

Briefe sind **alle schriftlichen Mitteilungen** zwischen einem Absender und einem Empfänger. Das Briefgeheimnis schützt damit Mitteilungen, die außerhalb des Postbereichs verkehren (im Postverkehr gilt das Postgeheimnis). Eine Mitteilung außerhalb des Postverkehrs erfolgt z.b. durch Boten.

Geschützt werden soll vor unberechtigter Kenntnisnahme. Ziel ist damit die **Wahrung der Vertraulichkeit.**

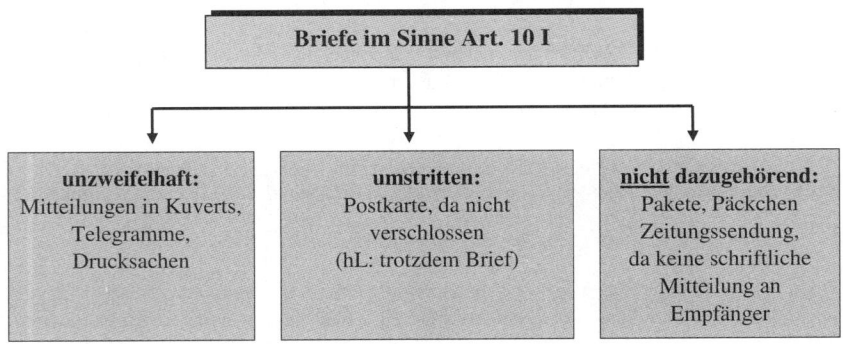

Briefe im Sinne Art. 10 I		
unzweifelhaft: Mitteilungen in Kuverts, Telegramme, Drucksachen	**umstritten:** Postkarte, da nicht verschlossen (hL: trotzdem Brief)	**nicht dazugehörend:** Pakete, Päckchen Zeitungssendung, da keine schriftliche Mitteilung an Empfänger

b) Postgeheimnis

Unter das **Postgeheimnis** fallen alle Sendungen, die die Post AG, Arriva, Pin AG oder andere Unternehmen befördern; also auch Postkarten, Pakete und Päckchen. Sinn ist die Wahrung der Vertraulichkeit.

Das Postgeheimnis umfasst nicht nur den Inhalt der Sendungen. Ebenfalls darunter fallen die Daten, wer von wem wie oft Post bekommt. Die Erhebung solcher Statistiken wäre ebenso ein Eingriff in das Postgeheimnis wie das Öffnen von Briefen.

c) Fernmeldegeheimnis

Größte praktische Bedeutung hat das **Fernmeldegeheimnis**. Hierunter fällt die gesamte individuelle Kommunikation über Telefon, Telefax, e-Mail, Pager; egal ob mündlich oder schriftlich (SMS etc.). Gerade im Hinblick auf die Affäre um das Abhören durch den amerikanischen Geheimdienst NSA im Jahr 2013 muss festgestellt werden: Geschützt wird neben dem Kommunikationsinhalt auch der Kommunikationshergang, also z.B. die Frage, wer mit wem telefoniert hat.

2. Eingriff

Eingriffe können durch die bereits dargestellten Maßnahmen erfolgen. Jedes Kenntnisnehmen durch staatliche Stellen ist ein Eingriff, ebenso das Weitergeben von Informationen.

Fiktives Beispiel: Staatliche Stellen registrieren den Posteingang aus Nordkorea, notieren sich die Empfänger, öffnen heimlich die Briefe und teilen den Inhalt dem Bundesnachrichtendienst mit.

Ein Eingriff stellt auch das Belauschen von Telefongesprächen dar.

3. Verfassungsrechtliche Rechtfertigung

Beschränkungen sind aufgrund eines Gesetzes nach Art. 10 II 1 zulässig, z.B. § 99 StPO:

§ 99 StPO:

Zulässig ist die Beschlagnahme der an den Beschuldigten gerichteten Postsendungen und Telegramme, die sich im Gewahrsam von Personen oder Unternehmen befinden, die geschäftsmäßig Post- oder Telekommunikationsdienste erbringen oder daran mitwirken.

Ebenso ist eine Beschlagnahme von Postsendungen und Telegrammen zulässig, bei denen aus vorliegenden Tatsachen zu schließen ist, dass sie von dem Beschuldigten herrühren oder für ihn bestimmt sind und dass ihr Inhalt für die Untersuchung Bedeutung hat.

Unter den Voraussetzungen des Art. 10 II 2 muss den Betroffenen eine Überwachungs- oder Abhörmaßnahme nicht mitgeteilt werden. Dies regelt das „Gesetz zur Beschränkung des Brief-, Post- und Fernmeldegeheimnisses" (**G 10**). Nach Beendigung der Maßnahme muss dem Betroffenen allerdings die Maßnahme offengelegt werden.

Die **parlamentarische Kontrolle** ersetzt bei Art. 10 II 2 den Rechtsweg.

Überwachungs- und Abhörmaßnahmen im Sinne von Art. 10 II 2 finden in der Praxis **selten** statt. Halten sich die Geheimdienste nicht an die gesetzlichen Vorgaben und Einschränkungen, sind die Erkenntnisse wertlos und können nicht in einem Gerichtsverfahren verwertet werden.

XIII. Freizügigkeit
(Art. 11)

Art. 11 spielt in der Rechtsprechung fast keine Rolle. Er wurde aufgrund der Erfahrungen des Zweiten Weltkriegs und der Nachkriegszeit formuliert (Vertreibungen, Flucht etc.).

1. Schutzbereich

Grundrechtsträger sind alle Deutschen. Sie haben die Möglichkeit, an jedem Ort der Bundesrepublik Deutschland Aufenthalt und Wohnsitz zu nehmen. Aufenthalt ist das befristete Bleiben an einem Ort, die Dauer spielt keine Rolle. Wohnsitz ist dagegen die ständige Niederlassung (§ 7 BGB).

Gleichzeitig geschützt ist die **Fortbewegung innerhalb des Bundesgebietes**. Nicht geschützt ist ein besonderer Weg.

Weiterhin nicht geschützt ist die Ausreisefreiheit aus der Bundesrepublik (BVerfGE 6, 32/35f. – Elfes). Diese wird vielmehr durch Art. 2 I als Ausfluss der allgemeinen Handlungsfreiheit gewährleistet. Ebenfalls fallen Einreise und Einwanderung nicht unter Art. 11. Geschützt wird dagegen die **negative Freizügigkeit**, also das Recht, einen Ort nicht zu verlassen.

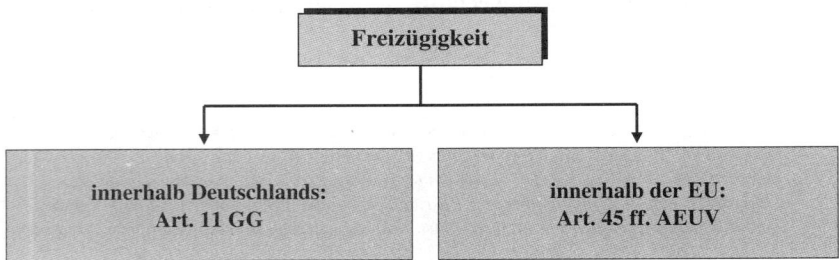

Die Fortbewegung **innerhalb der EU** ist seit dem Vertrag über die Europäischen Gemeinschaften gesichert (Römischer Vertrag von 1957), inzwischen AEUV:

Artikel 45 I: *Innerhalb der Gemeinschaft ist die Freizügigkeit der Arbeitnehmer gewährleistet.*

Artikel 49: *Die Beschränkungen der freien Niederlassung von Staatsangehörigen eines Mitgliedstaats im Hoheitsgebiet eines anderen Mitgliedstaats sind nach Maßgabe der folgenden Bestimmungen verboten. [...]*

2. Eingriff

In die Freizügigkeit kann nur unmittelbar eingegriffen werden, indirekte Auswirkungen auf den Schutzbereich reichen nicht.

3. Verfassungsrechtliche Rechtfertigung

Die Freizügigkeit steht unter dem qualifizierten **Gesetzesvorbehalt** von Art. 11 II. Jeder Eingriff muss daher drei Kriterien erfüllen.

Ein Eingriff muss ...

... durch oder aufgrund eines Gesetz erfolgen.	... auf die genannten Fälle reagieren.	... die genannten Zwecke verfolgen.

Die Kriterien sind im Gesetz abschließend und verständlich aufgezählt.

Sind alle drei Kriterien erfüllt, kann der Gesetzgeber das Verfahren der Einschränkung regeln und die Freizügigkeit begrenzen oder ganz aussetzen. Dabei muss er nach dem Grundsatz der **Verhältnismäßigkeit** vorgehen.

Wiederholungsfragen zu Artikel 9, 10, 11 GG

1. Welchen Vereinsbegriff meint Art. 9 I?

   Einen weiten; siehe § 2 I VereinsG. Die Rechtsform Verein ist nicht ausschlaggebend.

2. Was heißt „Doppelgrundrecht" bei Art. 9 I?

   Das Grundrecht gibt Individuen das Recht, Vereine zu bilden und ihnen anzugehören und schützt gleichzeitig die Vereine selbst.

3. Die „negative Vereinsfreiheit" umfasst ...

   ... das Recht auf Austritt und Fernbleiben.

4. Fallen Vereine i.S.d. Art. 9 II aus dem Schutzbereich des Art. 9 I oder ist Absatz II eine Eingriffsermächtigung?

   Letzteres.

5. Was wird unter „verfassungsmäßiger Ordnung" in Art. 9 II verstanden?

   Die Freiheitlich-Demokratische Grundordnung.

6.	Welches ist der Kernpunkt dieser Grundordnung?	Der Ausschluss jeglicher Gewalt- und Willkürherrschaft zugunsten eines Rechtsstaates.
7.	Nenne Beispiele für Koalitionen in der Bundesrepublik!	Gewerkschaften, Arbeitgeberverbände.
8.	Was sind Arbeitsbedingungen?	Bedingungen, die sich auf das Arbeitsverhältnis selbst beziehen.
9.	Nenne Beispiele!	Lohn, Urlaubszeit, Arbeitszeit.
10.	Was sind dagegen Wirtschafts- bedingungen?	Bedingungen, die wirtschafts- und sozialpolitischen Inhalts sind.
11.	Müssen alle Koalitionen die Wahrung und Förderung beider Bedingungen wollen?	Ja.
12.	Was schützt die negative Koalitionsfreiheit?	Das Fernbleiben von und den Austritt aus Koalitionen (z.B. Gewerkschaften).
13.	Die Hauptaufgabe von Koalitionen in der Praxis ist ...	... der Abschluss von Tarifverträgen.
14.	Welche drei strukturellen Merkmale muss eine Koalition erfüllen?	1. Gegnerfreiheit (nur Arbeitgeber oder Arbeitnehmer sind Mitglied), 2. Unabhängigkeit (wirtschaftlich von der Gegenseite selbständig), 3. Überbetrieblichkeit (mehr als ein Betrieb muss der Koalition angehören).
15.	Was sind Briefe im Sinne von Art. 10 I?	Alle schriftlichen Mitteilungen von einem Absender zu einem Empfänger, die nicht über Telekommunikations- leitungen weitergegeben werden.
16.	Sind Postkarten auch Briefe im Sinne von Art. 10 I?	Umstritten, hL: ja.
17.	Dank welches Gesetzes kann in Art. 10 eingegriffen werden?	Gesetz zur Beschränkung des Brief-, Post- und Fernmeldegeheimnisses (G 10).
18.	Welche Bestimmung schützt die Freizügigkeit innerhalb Deutschlands, welche innerhalb der EU?	- Innerhalb Deutschlands: Art. 11 GG, - Innerhalb Europas: Art. 45ff. AEUV.

XIV. Berufsfreiheit
(Art. 12)

1. Schutzbereich

Grundrechtsträger sind alle Deutschen. Bürger aus Staaten der Europäischen Union wird durch den EGV Freizügigkeit und Niederlassungsfreiheit gewährt [siehe unter Art. 11 – Freizügigkeit]. Art. 12 ist seinem Wesen nach auch auf juristische Personen des Privatrechts anwendbar.

Geschützt sind Berufswahl und Berufsausübung. Das BVerfG hat im „**Apotheken-Urteil**" (E 7, 377) beide Grundrechte unter einen einheitlichen Schutzbereich – den der „Berufsfreiheit" - subsumiert.

Der **einheitliche Schutzbereich** in Art. 12 I umfasst damit die Berufswahl- und Berufsausübungsfreiheit, sowie die Freiheit der **Wahl des Arbeitsplatzes** und die der **Ausbildungsstätte**.

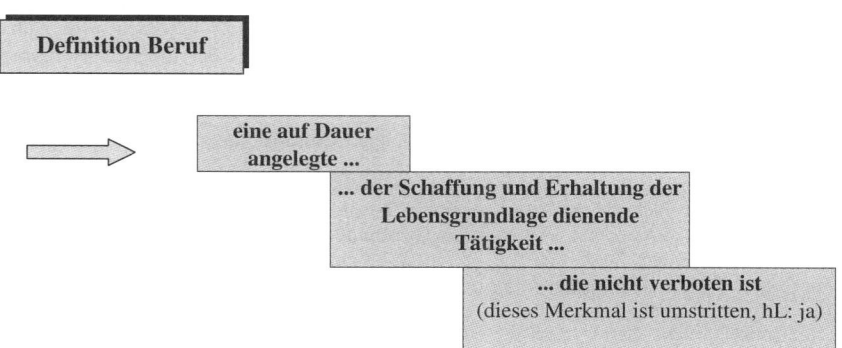

Die **negative Berufsfreiheit** schützt auch den, der ohne Beruf oder Ausbildung bleiben möchte.

Das Recht, seine Ausbildungsstätte frei zu wählen, ist ein Abwehrrecht gegen Freiheitsbeschränkungen im Ausbildungswesen (E 33, 303/329 – Numerus clausus). Ausbildung ist der Erwerb von berufsbezogenen Qualifikationen. Daran fehlt es bei Grundschulen. Gegeben ist es aber bei weiterführenden Schulen und Hochschulen.

Art. 12 enthält **kein „Recht auf Arbeit"**. Ein solcher Anspruch würde voraussetzen, dass der Staat über das Gut Arbeit verfügen kann. Dies ist in einer freiheitlich – sozialen Marktordnung aber nicht der Fall. Andernfalls könnte auch gar nicht die Berufsfreiheit gewährt werden.

In Abgrenzung zu Art. 14 schützt die Berufsfreiheit die **Erwerbsmöglichkeit**; Art. 14 sichert das Erworbene.

2. Eingriff

Eingriffe können in zwei Dimensionen und drei Intensitäten auftreten:

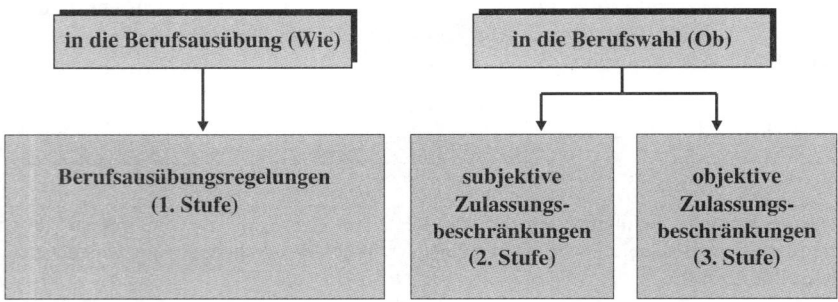

Die drei Eingriffsstufen sind von verschiedener Intensität und unterstehen deshalb unterschiedlichen Rechtfertigungsanforderungen. Jedenfalls muss der Eingriff aber eine **berufsregelnde Tendenz** haben (dieser Begriff muss in der Klausur fallen).

Berufsausübungsregelungen

Sie regeln, wie ein bestimmter Beruf ausgeübt werden darf bzw. muss.
Beispiele: Verpflichtung zum Tragen einer Schutzbrille bei Chemikern, Festsetzen einer Sperrstunde, fiskalische Vorschriften, Werbeverbot für Apotheker usw.

Subjektive Zulassungsbeschränkungen

Sie regeln, ob ein Beruf ergriffen oder ausgeübt werden darf und macht dies von subjektiven, also in der Person liegenden, Kriterien abhängig.
Beispiele: Staatsexamen für Rechtsanwälte, Mindestalter für Polizeiberuf, Meisterprüfung für Handwerksmeister usw.

Objektive Zulassungsbeschränkungen

Sie regeln, ob ein Beruf ergriffen oder ausgeübt werden darf und macht dies von objektiven Kriterien abhängig, die also nichts mit der Person zu tun haben.
Beispiele: Bedürfnisklauseln (z.B. für den Verkehr mit Taxen – mehr als eine gewisse Anzahl wird nicht zugelassen), Errichtungsverbote, sowie steuerliche Vorschriften, die erdrosselnd wirken.

Die Abgrenzung kann Probleme machen. Die Grenzen sind manchmal fließend. Trotzdem sollte in einer Klausur der Eingriff kategorisiert werden. Im Zweifel sind hier einige Ausführungen notwendig.

In die Ausbildungsfreiheit kann ebenso in drei Intensitäten eingegriffen werden. Dabei ist der bundesweite „numerus clausus" eine objektive Zulassungsbeschränkung.

3. Verfassungsrechtliche Rechtfertigung

a) Schranken

Die Berufsfreiheit steht unter dem Gesetzesvorbehalt von Art. 12 I 2. Danach können Berufswahl und Berufsausübung durch oder auf Grund eines Gesetzes geregelt werden. Gemeint sind hier formelle Gesetze.

b) Schranken – Schranken

Die unterschiedlichen Eingriffe verlangen unterschiedliche Rechtfertigungsanforderungen.

1. Stufe: **Berufsausübungsregelungen**	*Gerechtfertigt, wenn* **vernünftige Gesichtspunkte der** **Zweckmäßigkeit sie verlangen**
2. Stufe: **Subjektive** **Zulassungsbeschränkungen**	*gerechtfertigt* **zum Schutz wichtiger** **Gemeinschaftsgüter**
3. Stufe: **Objektive** **Zulassungsbeschränkungen**	*gerechtfertigt* **zum Schutz überragend** **wichtiger Gemeinschaftsgüter**

Überragend wichtige Gemeinschaftsgüter sind z.B. die Finanzierbarkeit der sozialen Sicherungssysteme und die Volksgesundheit.

Die Prüfung der Schranken-Schranken erfolgt nach dem bekannten Schema der Verhältnismäßigkeit. Die soeben dargestellten unterschiedlichen Rechtfertigungen werden bei der Verhältnismäßigkeit im engeren Sinne (= Angemessenheit) eingefügt.

1. Legitimer öffentlicher Zweck	

2. Geeignetheit	(zur Erreichung des Zweckes)

3. Erforderlichkeit	Es darf kein Eingriff, der weniger belasten würde, zur Erreichung des Zweckes ebenso geeignet sein. Hier wird der Eingriff nach seiner Intensität klassifiziert (Stufe 1, 2 oder 3) und erläutert, ob nicht eine geringere Stufe die gleiche Zweckerreichung zur Folge gehabt hätte.

4. Verhältnismäßigkeit im engeren Sinne (= Angemessenheit)	Der Zweck, der dem Eingriff dient, muss umso wertvoller sein, je intensiver der Eingriff ist. *(siehe vorherige Seite)*

Die gleiche Prüfungsreihenfolge gilt für Eingriffe in die Ausbildungsfreiheit oder Freiheit der Wahl des Arbeitsplatzes.

4. Freiheit von Arbeitszwang (Art. 12 II, III)

Art. 12 II, III schützt systematisch einen Teil der Allgemeinen Handlungsfreiheit. **Arbeitszwang** ist eine staatliche Pflicht zur Erbringung einzelner Arbeitsleistungen. Kein Arbeitszwang sind die Schul- und Meldepflicht.

Zwangsarbeit ist der staatlich verordnete Einsatz der gesamten Arbeitskraft in einer bestimmten Weise. Die Regelung ist Art. 12 III ist eine Antwort auf die unmenschliche Zwangsarbeit in Konzentrationslagern des NS-Regimes.

Beide Bestimmungen spielen in der Praxis keine Rolle.

Übungsfall 5:

Um der steigenden Zahl von Rechtsanwälten Herr zu werden, erlässt der zuständige Gesetzgeber das „Gesetz zur Sicherung der Rechtspflege".

Danach erfolgt die Zulassung zum Anwalt ab sofort nur noch, wenn der Bewerber in mindestens einem Examen die Note „befriedigend" erreicht hat.

Der Gesetzgeber rechtfertigt sein Handeln mit der Lage auf dem Arbeitsmarkt: Zuviele Anwälte würden die Bürger ermuntern, für jeden Nachbarzwist gleich vor Gericht zu gehen. Die Rechtspflege sei dadurch überlastet.

Ist das Gesetz mit Art. 12 vereinbar?

Lösungsvorschlag

Das Gesetz wäre mit Art. 12 vereinbar, wenn ein Eingriff in den eröffneten Schutzbereich verfassungsrechtlich gerechtfertigt wäre.

1. Schutzbereich

Zuerst müsste der Schutzbereich eröffnet sein. Das Gesetz regelt die Zulassung zum Rechtsanwalt. Die anwaltliche Tätigkeit ist ein auf Dauer angelegter und mit dem Ziel der Schaffung und Erhaltung der Lebensgrundlage ausgeübter sowie erlaubter Beruf. Folglich fällt er unter Art. 12. Damit ist der Schutzbereich eröffnet.

2. Eingriff

Es müsste ein Eingriff mit berufsregelnder Tendenz gegeben sein. Eingriff ist jede staatliche Maßnahme, die dem einzelnen eine Handlung, die in den Schutzbereich fällt, erschwert oder verhindert. Im vorliegenden Fall können Jura-Absolventen, die kein „befriedigend" in einem Examen erreicht haben, nicht Anwälte werden. Damit ist ihre Berufswahl erschwert, mithin liegt ein Eingriff mit berufsregelnder Tendenz vor.

3. Verfassungsrechtliche Rechtfertigung

a) Schranke

Art. 12 I steht unter dem Gesetzesvorbehalt von Satz 2. Das Gesetz wurde vom „zuständigen Gesetzgeber" erlassen und ist deshalb ein formelles Gesetz.

b) Schranken – Schranken

Das Gesetz müsste einem **legitimen öffentlichen Zweck** dienen. Die Sicherung der Rechtspflege stellt einen solchen Zweck dar. Weiterhin müsste das Gesetz zur Zweckerreichung **geeignet** sein. Eine Reduzierung der Anwaltschaft ist möglicherweise dazu geeignet. Dem Gesetzgeber steht hier ein Prognose-Spielraum zu. Damit ist das Gesetz geeignet.

Schließlich müsste das Gesetz auch **erforderlich** sein. Der Eingriff regelt die Berufswahl nach subjektiven Kriterien (Examensnote). Damit liegt eine subjektive Zulassungsbeschränkung vor. Möglicherweise könnten Berufsausübungsregelungen das gleiche Ziel erreichen. Diese regeln aber nur das "Wie" der Berufsausübung und nicht das "Ob". Hier geht es aber um eine generelle Reduktion der Zahl von Anwälten. Folglich ist das Gesetz auch erforderlich.

Zuletzt ist fraglich, ob es auch **verhältnismäßig im engeren Sinne** (= angemessen) ist. Dazu müsste die Regelung zum Schutz wichtiger Gemeinschaftsgüter erlassen worden sein. Das Funktionieren der Rechtspflege ist sicher ein wichtiges Gemeinschaftsgut. Die Berufswahlfreiheit stellt allerdings ein zentrales Grundrecht dar.

Auch genießen alle Jura-Studenten **Vertrauensschutz**. Sie vertrauten auf die alte Regelung, nach der auch Absolventen mit einem „ausreichend" Anwalt werden konnten. Eine so dramatische Änderung der Regelung („ab sofort") war nicht zu erwarten gewesen. Das Gesetz müsste zumindest Übergangsregelungen aufweisen. In der vorliegenden Form ist der Eingriff deshalb nicht verhältnismäßig im engeren Sinne (= angemessen) und folglich nicht mit Art. 12 I vereinbar.

§§§§§§§§§§§§§§§§§

Wiederholungsfragen zu Artikel 12

1.	Was ist ein Beruf?	Eine auf Dauer angelegte, nicht verbotene Tätigkeit, die zur Schaffung und Erhaltung der Lebensgrundlage dient.
2.	Gewährt Art. 12 auch ein Recht auf Arbeit?	Nein. Es ist nicht möglich, die Berufsfreiheit und gleichzeitig ein Recht auf Arbeit zu garantieren.
3.	Welches sind die drei Eingriffsstufen?	1. Berufsausübungsregelungen, 2. Subjektive, 3. Objektive Zulassungsbeschränkungen.
4.	Wie können objektive Zulassungsbeschränkungen nur gerechtfertigt werden?	Zum Schutz überragend wichtiger Gemeinschaftsgüter.
5.	In welche Stufe fällt das Erfordernis der juristischen Examina für eine Anwaltszulassung?	Subjektive Zulassungsbeschränkung.

XV. Unverletzlichkeit der Wohnung
(Art. 13)

1. Schutzbereich

Grundrechtsträger ist jeder Mensch, der berechtigterweise in einer Wohnung lebt. Nicht berechtigt ist z.B. ein Hausbesetzer. Der Begriff „Wohnung" ist weit auszulegen. Auch Arbeits- und Geschäftsräume fallen darunter. Ebenso Wohnwagen, Zelte, Hausboote und Ferienzimmer; nicht aber der Strandkorb oder die Sandburg.

Art. 13 I kennt kein Recht auf Wohnung. Das Grundrecht richtet sich zudem nur gegen den Staat, nicht gegen Private.

2. Eingriff

Eingriffe können **Durchsuchungen** sein. Diese sind nur im Rahmen von Art. 13 II erlaubt. Weitere Eingriffsvorbehalte für den Einsatz technischer Mittel kennen die Abs. III-VI. Diese wurden 1998 eingefügt (**sog. Großer Lauschangriff**). Eingriffe können auch durch Betreten oder Verweilen in einer Wohnung vorliegen. Dabei muss kein körperliches Eintreten gegeben sein. Es reicht ein technisches Eindringen z.B. durch Richtmikrofone oder Abhöranlagen.

Kein Eingriff ist die Schließung oder der Abriss eines Hauses wegen Einsturzgefahr. Hier kann jedoch der Schutzbereich von Art. 14 (Eigentum) eröffnet sein.

Gesetze, die der Verteidigung einschließlich des Schutzes der Zivilbevölkerung dienen, können bestimmen, dass das Grundrecht der Unverletzlichkeit der Wohnung eingeschränkt wird (**Art. 17 a II**).

3. Verfassungsrechtliche Rechtfertigung

a) Schranken

Eingriffe können nach Art. 13 II, III zulässig sein. Die Verfassungsbestimmungen reichen dazu aber nicht aus. Die Ermächtigung muss durch ein einfaches Gesetz erfolgen. Nicht ausreichend sind Notwehrregeln im Straf- oder Zivilrecht.

b) Schranken – Schranken

Zulässige Eingriffe nach Art. 13 II, III müssen verhältnismäßig sein. Je länger und intensiver eine Abhöraktion ohne Kenntnis des Betroffenen durchgeführt wird, desto eher kann auch der **Wesensgehalt** des Grundrechts berührt sein (Art. 19 II).

XVI. Eigentumsgarantie
(Art. 14, 15)

Die Eigentumsgarantie konstituiert die Rechts- und Wirtschaftsordnung. Ohne ein Grundrecht auf Eigentum gäbe es keine soziale Marktwirtschaft (und kein Sachenrecht).

1. Schutzbereich

Grundrechtsträger ist jeder Mensch, auch inländische juristische Personen des Privatrechts. Schutzgut ist das „Eigentum". Problematisch ist, dass die Inhaltsbestimmung, was Eigentum ist, dem Gesetzgeber überlassen wurde. Der Staat schützt somit das als Eigentum, was er zuvor als solches definiert hat.

Eigentum ist all das, was das einfache Recht als Eigentum versteht. Dies geht **über den Eigentumsbegriff des BGB hinaus**.

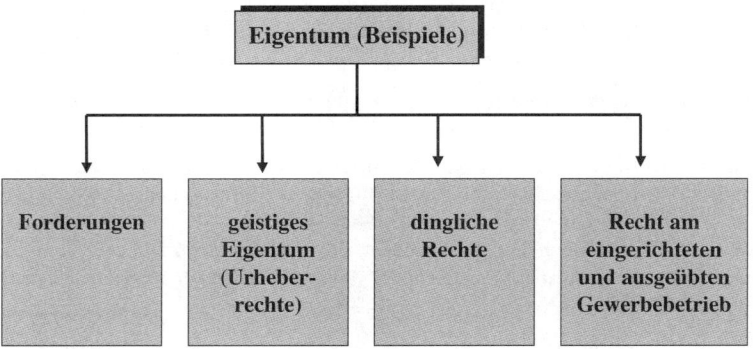

Eigentum (Beispiele)

Forderungen	geistiges Eigentum (Urheber- rechte)	dingliche Rechte	Recht am eingerichteten und ausgeübten Gewerbebetrieb

Nicht in den Schutzbereich fällt das **Vermögen als solches**. Damit sind Steuern – solange sie keine erdrosselnde Wirkung haben – kein Eingriff in Art. 14.

Geschützt sind der **Bestand** des Eigentums, aber nicht Umsatzerwartungen oder Gewinnchancen. So ist das Vertrauen auf eine Steuersenkung nicht geschützt, das Ausbleiben dergleichen also kein Eingriff (trotz Versprechungen im Wahlkampf...). Geschützt ist auch die **Nutzung**. Darunter fallen alle Verwendungs- und Veräußerungs- rechte.

Die **negative Eigentumsfreiheit** sichert die Möglichkeit, Eigentum nicht zu nutzen.

Eine besondere Form des Eigentums, das **Erbrecht**, findet aus Gründen der Tradition in Art. 14 I Erwähnung (die WRV hatte das Erbrecht in einem eigenen Artikel geschützt).

2. Eingriffe

Eingriffe können dreifach erfolgen: Durch Inhalts- und Schrankenbestimmungen (Art. 14 I 2), Enteignungen (Art. 14 III) und in sonstiger Form (dies ist allerdings selten). Diese **qualitative Unterscheidung** erfolgt seit der Nassauskiesungsentscheidung des BVerfG (E 58, 300).

Bei der Prüfung des Art. 14 ist im „Eingriff" also immer festzustellen, ob es sich um eine Inhalts- und Schrankenbestimmung oder eine Enteignung handelt. Inhalts- und Schrankenbestimmungen von hoher Intensität sind keine Enteignungen (so die frühere Rechtsprechung). **Beide Eingriffsarten** sind voneinander zu **trennen**!

Daher sind **Inhalts- und Schrankenbestimmungen** von zu hoher Intensität verfassungswidrig. Der Bürger darf den Eingriff nicht dulden und muss die Verwaltungsgerichte anrufen.

Enteignungen, die keine Entschädigungsregelung vorsehen, sind verfassungswidrig. Der Bürger kann diese Enteignung dulden, dafür aber eine Entschädigung verlangen („dulden und liquidieren").

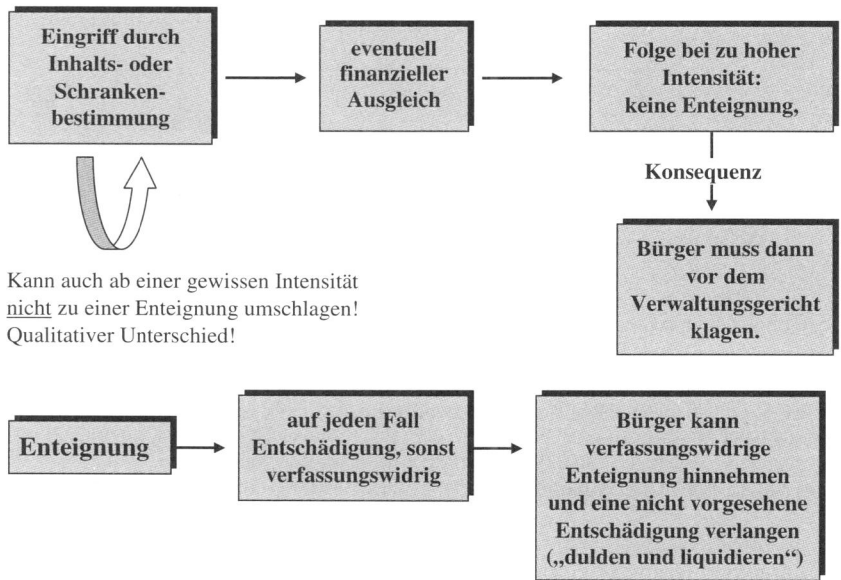

89

a) Inhalts- und Schrankenbestimmungen

Durch Gesetze kann definiert werden, was Eigentum ist. Gesetze können die Eigentumsfreiheit folglich verkürzen oder erweitern.

Beispiel: Zu Beginn des 20. Jahrhunderts war kein Eigentum an einzelnen Wohnungen eines Mehrfamilienhauses möglich. Damals waren Grundstück und Haus eine Einheit. Inzwischen kann ein Mehrfamilienhaus mit sechs Wohnungen auch sechs Eigentümern gehören (siehe Wohnungseigentumsgesetz – WEG). Damit wurde die Eigentumsfreiheit erweitert.

Immer wenn eine staatliche Regelung abstrakt-generelle Rechte und Pflichten des Eigentümers festlegt, liegt eine Inhalts- und Schrankenbestimmung vor. Verkürzen gesetzliche Bestimmungen, die gezielt eingreifen und das Eigentum vollständig oder teilweise entziehen, die Eigentumsfreiheit dagegen konkret-individuell, ist eine Enteignung gegeben.

b) Enteignungen

Die Enteignung ist dagegen konkret-individuell auf eine „vollständige oder teilweise Entziehung konkreter subjektiver Rechtspositionen" gerichtet.

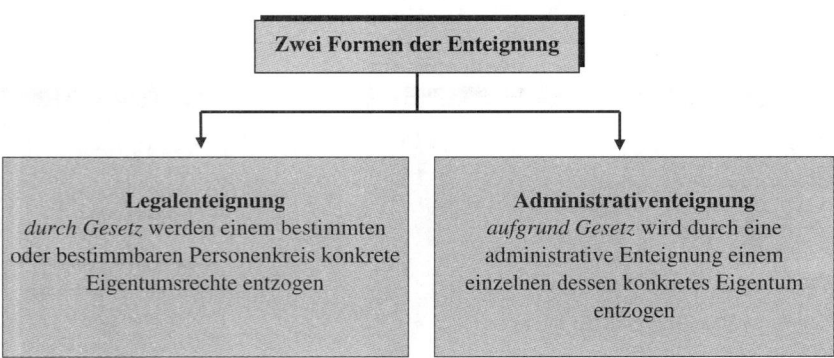

Weiterhin wird zwischen „**enteignenden** Eingriffen" (all jene, die rechtmäßig sind) und „**enteigungsgleichen** Eingriffen" (all jene, die rechtswidrig sind) unterschieden. Eine Enteignung ist rechtmäßig, wenn alles versucht wurde, Beeinträchtigungen für die Betroffenen zu reduzieren.

c) Sonstige Eingriffe

Weitere Eingriffstypen sind von keiner großen Bedeutung. In Betracht kommen Anwendungs- und Vollzugsakte, in denen die Verwaltung eine Konkretisierung der Inhalts- und Schrankenbestimmungen vornimmt.

Unterschiede der beiden Eingriffsarten

Inhalts- und Schrankenbestimmungen	Enteignungen
abstrakt – generell	konkret - individuell
belässt dem Eigentümer das Eigentum (die Sache, das Recht ...)	entzieht dem Eigentümer das Eigentum (vollständig oder teilweise)
Regelungen über die allgemeine Eigentumsordnung. Bestehende Rechtspositionen werden meist nur als unbeabsichtigte Nebenfolge beeinträchtigt.	Zugriff auf konkrete Rechtspositionen.
Bsp.: Ein Gesetz sieht vor, dass die Mieten innerhalb eines Jahres nicht mehr als 30 % erhöht werden dürfen.	*Bsp.:* Die Flurbereinigung, nach der Landschaftsflächen neu geordnet werden, um die Produktionsbedingungen für die Land- und Forstwirtschaft zu optimieren. (Dazu zählt u.a. die Zusammenlegung ungünstig aufgeteilter Flächen.)

Im Zweifel (aber auch nur dann) ist es eher eine Inhalts- und Schrankenbestimmung.

Unterscheidung ist wichtig für die verfassungsrechtliche Rechtfertigung.

3. Verfassungsrechtliche Rechtfertigung

Die Unterscheidung der beiden Eingriffstypen setzt sich in der verfassungsrechtlichen Rechtfertigung fort.

a) Inhalts- und Schrankenbestimmungen

Nur durch materielles Gesetz kann eine Inhalts- und Schrankenbestimmung erfolgen, d.h. durch formelles (Parlaments-)gesetz, Rechtsverordnung, Satzung.

Die Bestimmung muss **verhältnismäßig** sein. Hier ist eine Abwägung vorzunehmen. Einerseits muss das Eigentum „gewährleistet" werden (Art. 14 I 1), andererseits „verpflichtet" es und soll auch dem „Wohl der Allgemeinheit" dienen (Art. 14 II).

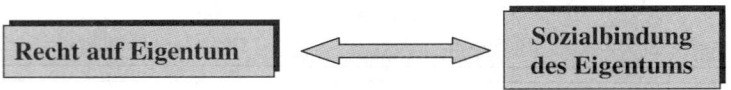

Je wichtiger eine Eigentumsposition für die Allgemeinheit im Vergleich zum einzelnen Berechtigten ist, desto eher ist ein Eingriff verhältnismäßig.

> **Beispiel:** In Zeiten großer Wohnungsnot beschließt der Staat, dass die Mieten nicht mehr als um 15% pro Jahr steigen dürfen.

Dient der Eingriff nicht der Sozialbindung, ist er unverhältnismäßig.

> **Beispiel:** Der Staat belässt es beim Mietgesetz, obwohl inzwischen genügend Wohnungen bereitstehen und nicht die geringste Gefahr einer Wohnungsnot mehr besteht.

Je sorgfältiger Ausgleichsregelungen und Härteklauseln verabschiedet wurden, desto eher ist ein Eingriff verhältnismäßig.

> **Beispiel:** Das Mietgesetz gilt erst ein Jahr nach Ausfertigung und nicht für Luxus-Wohnungen im Zentrum Berlins.

In einigen Fällen muss der Gesetzgeber auch **finanzielle Entschädigungen** vorsehen, insbesondere dort, wo in den Ertrag eigener Arbeitsleistung eingegriffen wird.

> Im Ergebnis müssen die Inhalts- und Schrankenbestimmungen **„vom geregelten Sachbereich her geboten und auch in ihrer Ausgestaltung sachgerecht"** sein (BVerfGE 52, 1/29).

Eine ausführliche Darstellung der Materie, samt Rechtsprechung und europarechtlichen Bezügen, findet sich im Richter-Skript „Staatshaftungsrecht" (siehe www.zenthoefer.de).

b) Enteignungen

Enteignet werden kann nur durch Gesetz (Legalenteignung) oder aufgrund eines Gesetzes (Administrativenteignung). Es gilt der Vorrang der Administrativenteignung, da sich der Betroffene dagegen gerichtlich wehren kann.

Die Enteignung kann nur **zum Wohl der Allgemeinheit** stattfinden.
> Beispiel: Die Enteignung eines Grundstückes, da nur dort das Reststück einer Autobahn gebaut werden kann.

> **In der Klausur** ist hier zu prüfen, ob die vom Gesetzgeber bzw. der Verwaltung vorgebrachten Argumente wirklich tragen. Ist das „Wohl der Allgemeinheit" richtig erkannt worden? Das wäre dann nicht der Fall, wenn nebenbei noch ein staatliches Grundstück liegen würde, auf dem die Autobahn ebenso gut gebaut werden könnte.

Enteignungen können **nicht aus rein fiskalischen Interessen** stattfinden.
> Beispiel: Enteignung eines Grundstückes durch die Stadtverwaltung Bad Breisig, weil diese unbedingt finanzielle Mittel zur Deckung des Haushaltes braucht.

Enteignungsgesetze müssen eine **Entschädigung vorsehen** (sog. **Junktimklausel** des Art. 14 III 2).
> **Junktim [lat.]:** Verbindung von Gesetzesvorlagen oder -maßnahmen, die nur insgesamt behandelt werden können.

Die **Abwägung** erfolgt erneut zwischen den Interessen der Allgemeinheit und dem Betroffenen.

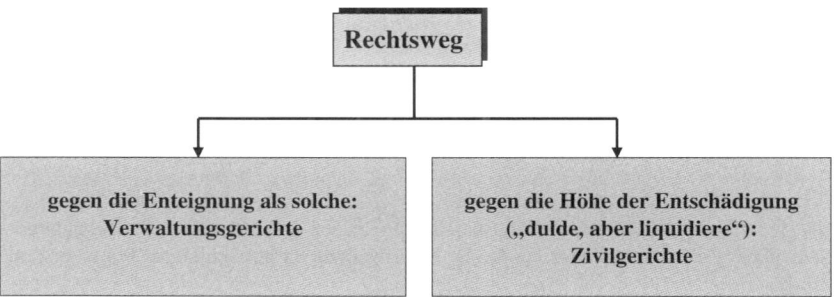

Fehlen entweder die Gemeinwohlbindung oder die Entschädigungsregelung, ist das Gesetz verfassungswidrig. Dann kann sich der Betroffene nur gegen die Enteignung selber wehren (vor den Verwaltungsgerichten). Wegen der Höhe der Entschädigung ist der ordentliche Gerichtsweg zu wählen (also die Zivilgerichte), so Art. 14 III 4.

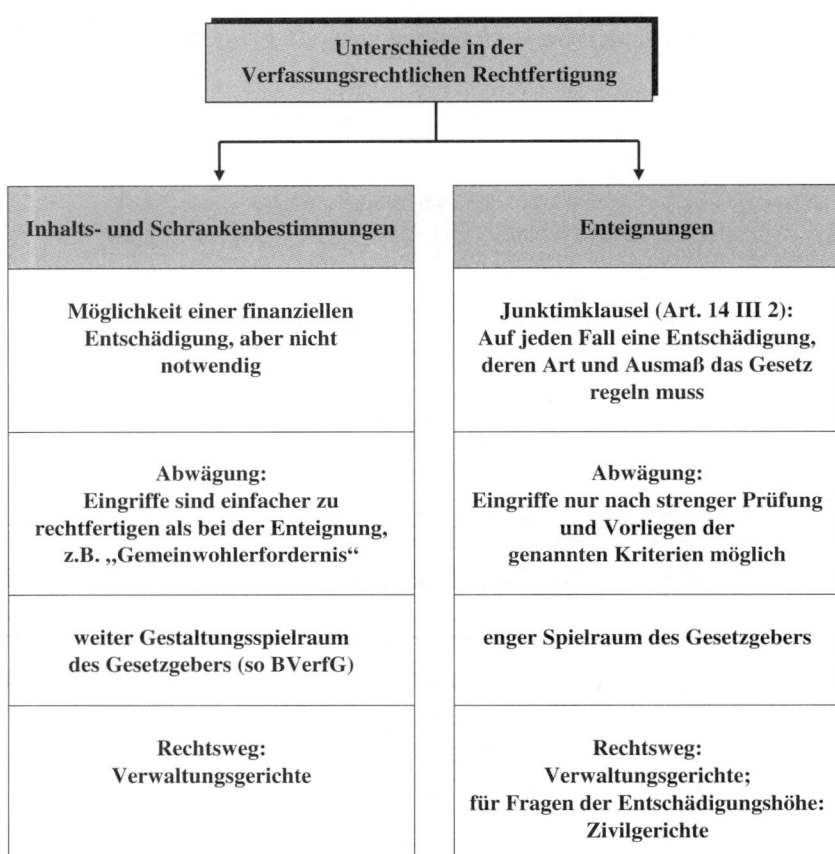

Unterschiede in der Verfassungsrechtlichen Rechtfertigung	
Inhalts- und Schrankenbestimmungen	**Enteignungen**
Möglichkeit einer finanziellen Entschädigung, aber nicht notwendig	Junktimklausel (Art. 14 III 2): Auf jeden Fall eine Entschädigung, deren Art und Ausmaß das Gesetz regeln muss
Abwägung: Eingriffe sind einfacher zu rechtfertigen als bei der Enteignung, z.b. „Gemeinwohlerfordernis"	Abwägung: Eingriffe nur nach strenger Prüfung und Vorliegen der genannten Kriterien möglich
weiter Gestaltungsspielraum des Gesetzgebers (so BVerfG)	enger Spielraum des Gesetzgebers
Rechtsweg: Verwaltungsgerichte	Rechtsweg: Verwaltungsgerichte; für Fragen der Entschädigungshöhe: Zivilgerichte

Bei der Abwägung gilt die Institutsgarantie in beiden Eingriffstypen als **Schranken-Schranke**. Deshalb darf nie das Recht auf Eigentum grundsätzlich in Frage gestellt werden.

Die **Vergesellschaftung (Art. 15)** ist ein Eingriff, welches Eigentum **entzieht**. Es unterscheidet sich von der Enteignung aber in seiner **abstrakt-generellen** Natur. Die Vergesellschaftung ist nur bei Grund und Boden, Naturschätzen und Produktionsmitteln möglich. Bezüglich der Entschädigung wird auf Art. 14 verwiesen. – Die Bestimmung des Art. 15 spielt in der Praxis keine Rolle.

Für Übungsfälle zu Art. 14 siehe meinen Band „**Staatshaftungsrecht**" im Richter-Verlag.

Wiederholungsfragen zu Artikel 13, 14, 15

1. Welche der folgenden Behausungen ist von Art. 13 als „Wohnung" geschützt:
a) Privaträume,
b) Hotelzimmer,
c) Zelt,
d) Arbeits- und Geschäftsräume,
e) Hörsaal in der Landwirtschaftlich-gärtnerischen Fakultät.

a) – d) ja,
e) nein (öffentliches Gebäude).

2. In welcher Weise gewährt das GG ein Recht *auf* Wohnung?

In keinster Weise.

3. Nenne Beispiele für Eingriffe in das Grundrecht der „Unverletzlichkeit der Wohnung"!

Durchsuchung, Eintreten, Verweilen in fremder Wohnung, Abhören.

4. Nach welcher Norm kann das Grundrecht im Verteidigungsfall eingeschränkt werden?

Art. 17 a II.

5. Was ist „Eigentum" im Sinne von Art. 14 über den Eigentumsbegriff des BGB hinaus?

z.B. Forderungen, Urheberrechte (geistiges Eigentum), dingliche Rechte, Recht am eingerichteten und ausgeübten Gewerbebetrieb.

6. Stellen Steuern Eingriffe in das Eigentumsrecht dar?

Nein, solange sie nicht erdrosselnd wirken. Von Art. 14 wird nicht das Vermögen als solches geschützt.

7. Was wird von Art. 14 geschützt:
a) Gewinnerwartungen,
b) Umsatzchancen,
c) Nutzung des Eigentums (z.B. durch Veräußerung).

a), b) nicht – einschlägig ist Art. 12;
c) ja.

8. Weshalb wird das Erbrecht besonders in Art. 14 erwähnt?

Aus historischen Gründen (es wurde bereits in der Weimarer Reichsverfassung [WRV] in einem eigenen Artikel genannt).

9. Welches sind die beiden typischen Eingriffstypen bei Art. 14?

a) Inhalts- und Schranken-bestimmungen,
b) Enteignungen.

10. Wie stehen diese beiden Eingriffstypen zueinander?

Sie sind unabhängig voneinander und daher zu trennen!

11. Seit welcher berühmten BVerfGE erfolgt diese qualitative Trennung?	„Naßauskiesung": BVerfGE 58, 300.
12. Welcher der beiden Eingriffe ist abstrakt-generell, welcher konkret-individuell?	Abstrakt-generell: Inhalts- und Schrankenbestimmung, Konkret-individuell: Enteignung.
13. Welcher Eingriffstyp regelt allgemeines über die Eigentumsordnung?	Die Inhalts- und Schrankenbestimmung.
14. Nenne ein Beispiel!	Das Gesetz, das eine Erhöhung der Mietpreise um mehr als 30% in einem Jahr nicht erlaubt: Inhalts- und Schrankenbestimmung für den Eigentümer als Vermieter.
15. Welcher Eingriffstyp wirkt konkret auf Rechtspositionen ein?	Die Enteignung.
16. Nenne ein Beispiel!	Die Flurbereinigung oder die Enteignung eines Grundstückes, um eine Autobahn bauen zu können.
17. Was besagt die Junktimklausel?	Ein Gesetz, das eine Enteignung vorsieht, muss eine Entschädigungsregelung enthalten (Art. 14 III 2).
18. Wann ist eine Enteignung außerdem nur zulässig?	Wenn sie dem Wohl der Allgemeinheit dient.
19. Dient das Stopfen eines Haushaltsloches dem „Wohl der Allgemeinheit"?	Nein. Aus rein fiskalischen Gründen darf nicht enteignet werden.
20. Welchen Rechtsweg muss ein Betroffener einschlagen, wenn er a) gegen die Enteignung, b) gegen die Höhe der Entschädigung vorgehen will?	a) Verwaltungsgerichtsbarkeit, b) Ordentliche Gerichtsbarkeit (Art. 14 III 4).
21. Ist die Vergesellschaftung (Art. 15) eine Unterform der Enteignung?	Nein. Sie entzieht dem Eigentümer zwar auch Eigentum, tut dies aber nicht konkret-individuell, sondern abstrakt-generell.

XVII. Verbot des Entzugs der Staatsangehörigkeit und der Auslieferung (Art. 16)

Mit dem Verbot des Entzugs der deutschen Staatsangehörigkeit reagierten die Väter und Mütter des Grundgesetzes auf die massenhaften Ausbürgerungen von Juden im Nationalsozialismus.

1. Schutzbereich

Grundrechtsträger sind die deutschen Staatsangehörigen (Art. 116 I 1.Alt.), nicht aber die Statusdeutschen (Personen deutscher Volkszugehörigkeit, Art. 116 I 2.Alt.). Schutzgut ist die deutsche Staatsangehörigkeit.

Regelungen zur Staatsangehörigkeit finden sich im Staatsangehörigkeitsgesetz (**StAG**). Deutschland hat sich für das **Abstammungsprinzip** (ius sanguinis) entschieden. Danach ist Deutscher, wer von einem deutschen Staatsangehörigen abstammt.

Kinder ausländischer Eltern erwerben gemäß § 4 III StAG die deutsche Staatsangehörigkeit durch Geburt im Inland, wenn ein Elternteil seit acht Jahren seinen gewöhnlichen Aufenthalt im Inland hat und eine Aufenthaltsberechtigung oder seit drei Jahren eine unbefristete Aufenthaltserlaubnis besitzt. Dies ist eine Ausnahme vom Abstammungsprinzip. Deutschland nähert sich damit dem Territorialprinzip an.

Nach dem **Territorialprinzip** wird Staatsbürger, wer auf dem Gebiet eines Staates geboren ist. Diesen Weg beschreiten z.B. die Vereinigten Staaten von Amerika oder Kanada.

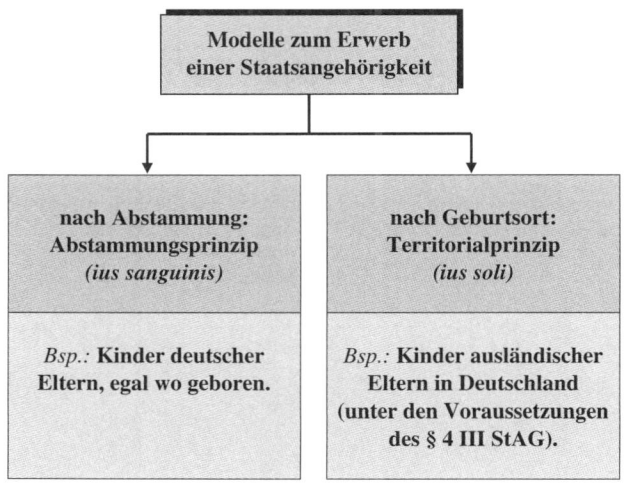

Die Staatsangehörigkeit ist das öffentliche Loyalitätsband eines Bürgers zum Staat. Es gewährt ihm spezielle Rechte (z.B. die Deutschengrundrechte) und verpflichtet ihn gleichzeitig (z.b. zur Ableistung des Wehrdienstes). Als Staatsangehöriger ist man Mitglied einer Schicksalsgemeinschaft - dem **Volk**.

Dagegen umfasst die „**Bevölkerung**" alle auf dem Territorium der Bundesrepublik lebenden Menschen, also auch Ausländer.

Art. 16 II bietet Schutz vor einer Überführung aus dem Gebiet der Bundesrepublik Deutschland in ein anderes Land (**Auslieferung**). Grundrechtsträger sind hier neben den deutschen Staatsangehörigen auch die Statusdeutschen (Art. 116 I).

2. Eingriff

Geschützt wird in Art. 16 I 1 vor einem **Entzug** der Staatsangehörigkeit. Dagegen ist der **Verlust** unter Umständen möglich (Art. 16 I 2). Problematisch ist die Abgrenzung beider Begrifflichkeiten.

Entzug ist die individuelle Zwangsausbürgerung, die für den Betroffenen unvermeidbar ist.
Beispiel: Entzug aus politischen oder religiösen Gründen.

Vermeidbar ist die Zwangsausbürgerung, wenn der Betroffene zuvor freiwillig eine andere Staatsangehörigkeit angenommen hat. Dies ist dann kein Entzug mehr, sondern ein „**Verlust**". Dieser kann auf Grund eines Gesetzes eintreten, da der Betroffene dadurch nicht staatenlos wird.

3. Verfassungsrechtliche Rechtfertigung

Der Entzug wird in Art. 16 I 1 vorbehaltlos gewährt. Der Verlust in Art. 16 I 2 steht unter einem Gesetzesvorbehalt.

XVIII. Asylrecht
(Art. 16 a)

1. Schutzbereich

Grundrechtsträger sind politisch Verfolgte. **Politisch Verfolgt** ist, wer „wegen seiner Rasse, Religion, Nationalität, Zugehörigkeit zu einer sozialen Gruppe oder wegen seiner politischen Überzeugungen Verfolgungsmaßnahmen mit Gefahr für Leib oder Leben oder Beschränkungen seiner persönlichen Freiheit ausgesetzt ist oder solche Verfolgungsmaßnahmen begründet befürchtet" (BVerwGE 67, 184/186).

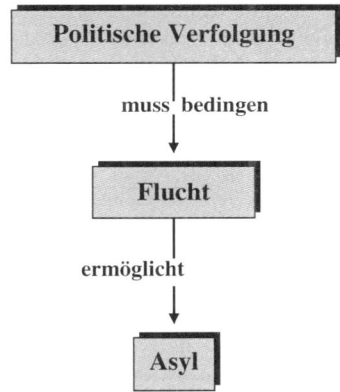

Politisch Verfolgt ist **nicht**, wer aus **wirtschaftlichen** oder sozialen Problemen (Hunger, Armut etc.) einen Staat verlässt.

Politisch verfolgt ist **nicht**, wer nur in einem – geographischen – Teil seines Staates verfolgt wird und die Möglichkeit hat, einen Teil aufzusuchen, in dem ihm die Verfolgung nicht droht.

Nicht auf das Asylrecht kann sich berufen, wer aus einem **sicheren Drittstaat** in die Bundesrepublik einreist (Art. 16 a II).

Gleiches gilt für jene, die aus **sicheren Herkunftsstaaten** (Art. 16 a III) einreisen. Der Bundesgesetzgeber hat auf einer Liste diese Staaten benannt. Es wird vermutet, dass Asylbewerber aus diesen Staaten nicht verfolgt werden. Sie können diese Vermutung jedoch substantiiert widerlegen.

> **Verfolgung** setzt eine gegenwärtige drohende, gezielte Beeinträchtigung von Rechtsgütern – insbesondere Leib, Leben oder Freiheit – voraus, durch die der Betroffene in eine ausweglose Lage gebracht wird.

Das Asylrecht ist das einzige Grundrecht, auf das sich Deutsche **nicht berufen** können.

2. Eingriffe

Die 1993 eingefügten Absätze II-IV stellen keine Eingriffe dar, sondern definieren die Träger des Grundrechts (str., nach anderer Auffassung sind sie Rechtfertigungsgründe).

Eingriffe sind alle Maßnahmen, die den Aufenthalt eines Asylbewerbers in der Bundesrepublik beenden oder aber einen Asylbewerber an der Grenze abweisen.

3. Verfassungsrechtliche Rechtfertigung

Gerechtfertigt ist ein solcher Eingriff, weil die Maßnahme nach einer Prüfung über den Status des Asylbewerbers erfolgt. Stellt sich heraus, dass der Bewerber nicht politisch verfolgt ist, kann er sich auch nicht auf das Grundrecht berufen.

Die Verfolgung wird vom Bundesamt für die Anerkennung ausländischer Flüchtlinge festgestellt.

Das Asylrecht kann gemäß **Art. 18** verwirkt werden, wenn es zum Kampf gegen die freiheitlich demokratische Grundordnung missbraucht wird.

Völkerrechtliche Verpflichtungen bezüglich der Zuständigkeiten in Asylverfahren gehen vor, auch wenn sie nach den genannten Regelungen unzulässig wären – siehe Art. 16 a V.

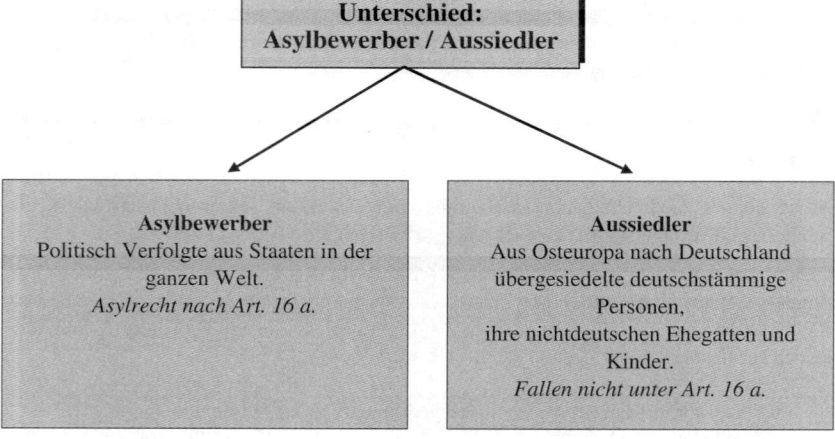

Unterschied:
Asylbewerber / Aussiedler

Asylbewerber
Politisch Verfolgte aus Staaten in der ganzen Welt.
Asylrecht nach Art. 16 a.

Aussiedler
Aus Osteuropa nach Deutschland übergesiedelte deutschstämmige Personen, ihre nichtdeutschen Ehegatten und Kinder.
Fallen nicht unter Art. 16 a.

XIX. Petitionsrecht
(Art. 17)

Grundrechtsträger ist jeder Mensch. Petitionen können auch von juristischen Personen des Privatrechts eingebracht werden, da dieses Grundrecht dem Wesen nach auf sie anwendbar ist (Art. 19 III).

Geschützt wird das Recht, sich einzelnen oder in Gemeinschaft mit anderen (Sammelpetition) mit **Bitten** oder **Beschwerden** an zuständige Stellen oder die Volksvertretung zu wenden. Dabei sichert Art. 17 eine spezielle Form der **Meinungsäußerung**.

Zu dem Recht der Äußerung einer Bitte oder Beschwerde tritt das Recht auf Annahme derselben, auf Kenntnisnahme und Bescheidung. Damit wird ein **Anspruch** begründet (**status positivus**), im Gegensatz zu den bisher behandelten Grundrechten, die Abwehrrechte formulierten (status negativus).

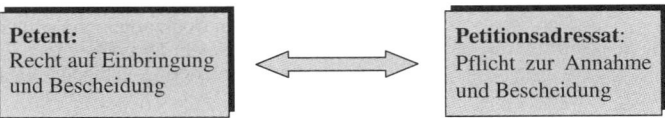

Petent:
Recht auf Einbringung
und Bescheidung

Petitionsadressat:
Pflicht zur Annahme
und Bescheidung

Petitionsadressaten können „**zuständige Stellen**" sein. Dies schließt alle Stellen ein, die öffentliche Aufgaben wahrnehmen. „**Volksvertretungen**" sind alle Parlamente auf Bundes-, Landes- und kommunaler Ebene.

Petenten, die sich an eine *un*zuständige Stelle wenden, müssen von dieser auf die zuständige Stelle hingewiesen werden.

Eingriffe in das Petitionsrecht sind nur vorstellbar, wenn staatliche Stellen die Rechtsausübung verhindern (z.B. keine Sammelpetition bei Strafgefangenen in Einzelhaft). Art. 17 wird **vorbehaltlos** gewährt, Schranken-Schranken sind nur kollidierendes Verfassungsrecht.

Einschränkungen sind im Ergebnis nur nach **Art. 17 a I** im Rahmen des Wehr- und Ersatzdienstes denkbar und rechtfertigungsfähig.

Wiederholungsfragen zu Artikel 16, 16 a, 17

1.	Wer kann Träger des Grundrechts in Art. 16 I 1 sein?	Alle deutschen Staatsangehörigen; nicht die Statusdeutschen.
2.	In welchem Gesetz sind die Einzelheiten zum Staatsbürgerschaftsrecht normiert?	Staatsangehörigkeitsgesetz (StAG).
3.	Nach welchem Prinzip wird in der Bundesrepublik die Staatsbürgerschaft verliehen?	Nach dem Abstammungsprinzip (ius sanguinis). Für Kinder ausländischer Eltern: Territorialprinzip.
4.	Was ist der Unterschied zwischen *Entzug* und *Verlust* der deutschen Staatsbürgerschaft?	Entzug ist die für den einzelnen unvermeidbare Zwangsausbürgerung. Vermeidbar wäre sie z.B. bei freiwilliger Annahme einer anderen Staatsbürgerschaft. Dann spricht man von Verlust.
5.	Wer ist ein „Politisch Verfolgter", der sich auf das Asylrecht (Art. 16 a) berufen kann?	Jemand, der wegen seiner Rasse, Religion, Nationalität, Zugehörigkeit zu einer sozialen Gruppe oder aufgrund von politischen Überzeugungen verfolgt wird und mit Gefahr für Leib, Leben oder Freiheit rechnen muss oder diese erlebt hat.
6.	Sind wirtschaftliche Gründe ein Asylgrund?	Nein.
7.	Kann sich ein Franzose auf das Asylrecht in Deutschland berufen?	Als Franzose hat er aufgrund des EGV sowieso das Recht auf Einreise und Niederlassung in Deutschland. Weiterhin findet in Frankreich keine politische Verfolgung statt.
8.	Was sind „sichere Heimatstaaten"?	Staaten, bei denen davon ausgegangen werden kann, dass politische Verfolgung nicht stattfindet. Dem widersprechende Tatsachen hat ein Asylbewerber substantiiert zu behaupten.
9.	Wo ist die Verwirkung des Asylrechts geregelt?	Art. 18.
10.	Welche Rechte erwachsen aus dem Petitionsrecht in Art. 17?	Recht auf Annahme, Kenntnisnahme und Bescheidung der Bitte oder Beschwerde durch die zuständige Stelle oder Volksvertretung.

5. Kapitel

Verfahrensgrundrechte

I. Rechtsschutzgarantie
(Art. 19 IV)

Die Rechtsschutzgarantie in Art. 19 IV ist ein Verfahrens- oder Justizgrundrecht. Es gewährt rechtlichen Schutz. Daneben gelten auch Art. 101 und 103 als Justizgrundrechte. Die drei Grundrechte werden deshalb nacheinander abgehandelt.

1. Schutzbereich

Grundrechtsträger ist jeder Mensch. Ebenso können sich juristische Personen des Privatrechts auf die Rechtsschutzgarantie berufen.

Art. 19 IV gewährt einen Rechtsweg bei Verletzung subjektiver Rechte durch die öffentliche Gewalt. Wichtig: Unter „öffentlicher Gewalt" wird nur Verwaltungshandeln verstanden.

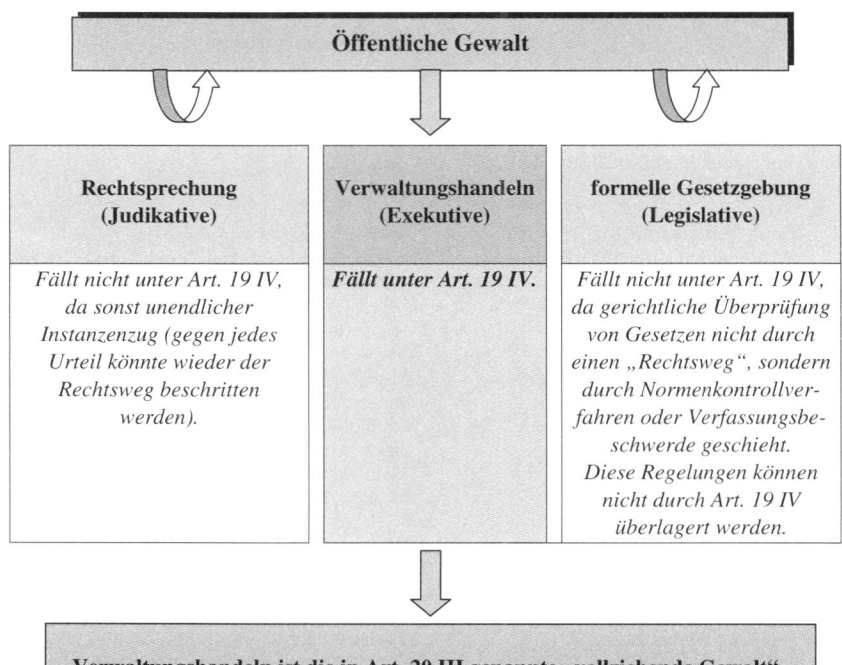

Öffentliche Gewalt		
Rechtsprechung (Judikative)	**Verwaltungshandeln (Exekutive)**	**formelle Gesetzgebung (Legislative)**
Fällt nicht unter Art. 19 IV, da sonst unendlicher Instanzenzug (gegen jedes Urteil könnte wieder der Rechtsweg beschritten werden).	***Fällt unter Art. 19 IV.***	*Fällt nicht unter Art. 19 IV, da gerichtliche Überprüfung von Gesetzen nicht durch einen „Rechtsweg", sondern durch Normenkontrollverfahren oder Verfassungsbeschwerde geschieht. Diese Regelungen können nicht durch Art. 19 IV überlagert werden.*

Verwaltungshandeln ist die in Art. 20 III genannte „vollziehende Gewalt".

2. Eingriff

Unerträglich lange Wartezeiten für einen effektiven Rechtsschutz sind als faktische Abschaffung der Garantie in Art. 19 IV zu werten und daher ein Eingriff in die Institutsgarantie. Ebenso muss **vorläufiger Rechtsschutz** gewährt werden, wenn ohne diesen unzumutbare, anders nicht abwendbare Nachteile entstehen.

3. Verfassungsrechtliche Rechtfertigung

Das Grundrecht wird **schrankenlos** gewährleistet. Der Gesetzgeber kann aber eine inhaltliche und organisatorische Ausgestaltung des Rechtsweges vornehmen. In **Art. 10 II 2** wird der Rechtsweg ausgeschlossen. Dies ist kein Eingriff, sondern eine **Ausnahme** von der Rechtsweggarantie.

Zulässige Schranke wäre folglich nur **kollidierendes Verfassungsrecht**. Es ist allerdings kein Recht ersichtlich, welches kollidieren könnte. Deshalb existiert keine mögliche Rechtfertigung für einen Eingriff.

II. Recht auf einen gesetzlichen Richter (Art. 101 I 2)

Das Recht auf einen gesetzlichen Richter (Art. 101 I 2) gehört, ebenso wie die Rechtsweggarantie in Art. 19 IV und die Rechte in Art. 103, zu den Verfahrens- oder Justizgrundrechten. Diese Grundrechte sind Ausprägungen des Rechtsstaatsprinzips.

1. Schutzbereich

Grundrechtsträger ist jeder Mensch, darüber hinaus auch juristische Personen des privaten und des öffentlichen Rechts.

Das BVerfG sieht Art. 101 I 2 als Garantie, die der Gefahr vorbeugen soll, dass die Justiz durch sachfremde Einflüsse manipuliert wird. Der gesetzliche Richter ist demnach der Richter, dessen **Zuständigkeit** für ein Verfahren durch die Gesetze und die **Geschäftsverteilungspläne** der Gerichte festgelegt ist. Die sachliche, örtliche und instanzielle Zuständigkeit bestimmen das Gerichtsverfassungsgesetz (GVG) und die Prozessordnungen (z.B. Verwaltungsgerichtsordnung, VwGO).

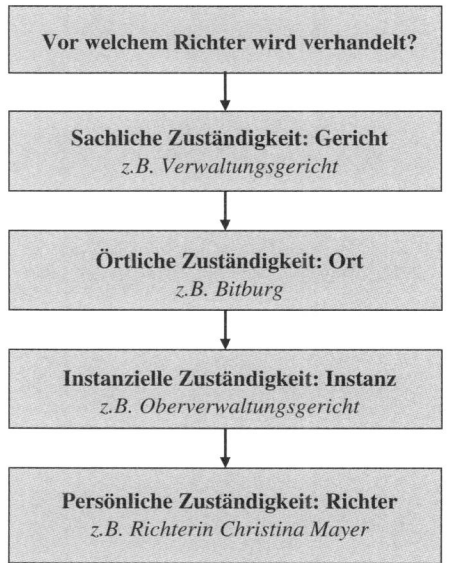

Vor welchem Richter wird verhandelt?

Sachliche Zuständigkeit: Gericht
z.B. Verwaltungsgericht

Örtliche Zuständigkeit: Ort
z.B. Bitburg

Instanzielle Zuständigkeit: Instanz
z.B. Oberverwaltungsgericht

Persönliche Zuständigkeit: Richter
z.B. Richterin Christina Mayer

Alle Zuständigkeiten sind vorher festgelegt!

Dieses Justizgrundrecht schützt davor, dass sich einzelne Gerichte oder Richter genehme Verfahren „aussuchen". Art. 101 I 2 sichert damit die Zufälligkeit, vor welchem Richter ein Streit entschieden wird. **Negativ** garantiert das Grundrecht, dass Richter unter bestimmten Voraussetzungen von der Mitwirkung am Verfahren ausgeschlossen sind (z.B. bei Befangenheit).

2. Eingriff

In das Grundrecht wird eingegriffen, wenn der gesetzliche Richter entzogen wird. In der Praxis sind die Zuständigkeiten der Gerichte allerdings legislativ festgelegt; die Zuständigkeiten des einzelnen Richters bestimmen interne **Geschäftsverteilungspläne** des Gerichts.

3. Verfassungsrechtliche Rechtfertigung

Art. 101 I 2 kennt keinen Gesetzesvorbehalt. Eingriffe sind, wie beim Justizgrundrecht aus Art. 19 IV, auf jeden Fall **unzulässig**. Sie können auch nicht durch kollidierendes Verfassungsrecht (welches auch?) gerechtfertigt werden.

III. Recht auf rechtliches Gehör
(Art. 103 I)

Das Recht auf rechtliches Gehör (Art. 103 I) stellt ebenso ein Verfahrens- oder Justizgrundrecht dar.

Grundrechtsträger ist jeder Mensch, darüber hinaus auch juristische Personen des privaten und des öffentlichen Rechts.

Schutzgut ist das **rechtliche Gehör vor Gericht**. Der Einzelne soll nicht bloßes Objekt des gerichtlichen Verfahrens sein, sondern vor einer Entscheidung, die ihn betrifft, zu Worte kommen, um Einfluss auf das Verfahren und sein Ergebnis nehmen zu können.

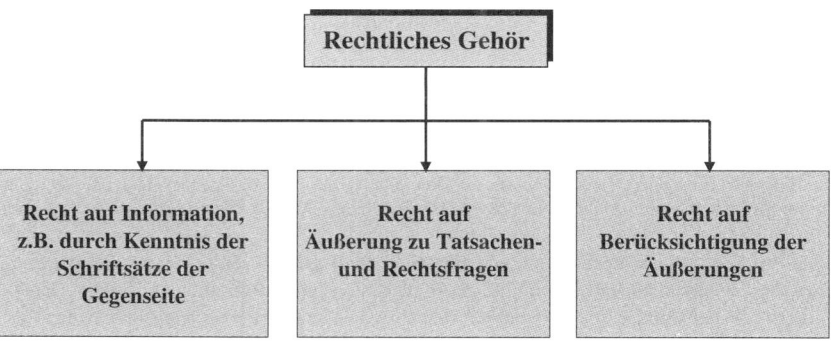

Weiterhin garantiert Art. 103 I das Hinzuziehen eines Rechtsanwaltes vor Gericht, um fundierte Äußerungen von sich geben zu können.

2. Eingriff / Verfassungsrechtliche Rechtfertigung

Art. 103 I kennt **keinen Gesetzesvorbehalt**. Eine Einschränkung ist folglich nicht rechtfertigungsfähig. Wurde rechtliches Gehör nicht gewährt, weil es für die gerichtliche Entscheidung keine Rolle spielte, ist wegen Unerheblichkeit kein Eingriff gegeben.

IV. Nulla poena sine lege
(Art. 103 II)

Das Recht, dass eine Tat nur bestraft werden kann, wenn die Strafbarkeit gesetzlich bestimmt war, bevor die Tat begangen wurde (Art. 103 II) stellt ebenso ein Verfahrens- oder Justizgrundrecht dar.

1. Schutzbereich

Grundrechtsträger ist jeder Mensch, darüber hinaus auch juristische Personen des Privatrechts.

Geschützt sind **drei Grundsätze**:

Prinzip der Gesetzlichkeit	Prinzip der Gesetzesbestimmtheit	Verbot rückwirkender Strafgesetze

Das **Prinzip der Gesetzlichkeit** besagt, dass eine Strafe nur aufgrund eines Gesetzes oder aufgrund einer Rechtsverordnung verhängt werden darf.
   Beispiel: Dagegen verstoßen würde ein Verwaltungsbeamter, der gegen einen Bürger eine Strafe verhängt, weil dieser im öffentlich zugänglichen Wald spazieren geht.

Das Prinzip der Gesetzesbestimmtheit (**Bestimmtheitsgebot**) verlangt vom Gesetzgeber, dass er verständliche und bestimmte Strafrechtstatbestände formuliert. Die dem Gesetz Unterworfenen müssen die Möglichkeit haben, das Gesetz zu verstehen und danach zu handeln. Eine analoge Anwendung von Strafverboten auf andere Tatbestände ist nicht möglich (Analogieverbot).
   Beispiel: Gegen das Bestimmtheitsverbot verstoßen würde ein Gesetz à la „Alle Handlungen, die unsittlich sind, werden mit Freiheitsstrafe bestraft."

Das **Rückwirkungsverbot** verbietet die Bestrafung aufgrund von Gesetzen, die zum Zeitpunkt der Tat noch nicht in Kraft waren (so auch § 1 StGB).

2. Eingriff / Verfassungsrechtliche Rechtfertigung

Es existiert kein Gesetzesvorbehalt. Kollidierendes Verfassungsrecht kommt nicht in Betracht. Deshalb sind *alle* Eingriffe unzulässig.

V. Verbot der Doppelbestrafung [ne bis in idem] (Art. 103 III)

Das Verbot der Doppelbestrafung, lat. „ne bis in idem" stellt das letzte der Verfahrens- oder Justizgrundrechte dar.

1. Schutzbereich

Grundrechtsträger ist jeder Mensch.

Schutzgut ist das Verbot der Doppelbestrafung aufgrund derselben Tat. Durch mehrfache Bestrafung würde der Betroffene in unverhältnismäßiger Art und Weise belastet.

Dieselbe Tat meint den „geschichtlichen Vorgang, auf welchen Anklage und Eröffnungs- beschluss hinweisen und innerhalb dessen der Angeklagte als Täter oder Teilnehmer einen Straftatbestand verwirklicht haben soll".
BVerfGE 23, 191/202

Der **Eintritt neuer Umstände** nach der Verurteilung, z.B. eine gesundheitliche Verschlechterung oder das Ableben eines Opfers, machen die Tat nicht zu einer neuen. Erneute oder nachträglich härtere Bestrafung sind unzulässig.

Allerdings kann neben eine Strafsanktion eine Disziplinarmaßnahme (z.B. bei Beamten oder Soldaten) treten. Haben beide Sanktionen jedoch den gleichen Rechtsgrund und eine gleiche Zweckbestimmung, kann im Einzelfall eine Doppelbestrafung vorliegen.
Beispiel: Ein Mannschaftssoldat verweigert die Ausführung eines Befehles. Der Kompaniechef (§ 24 I Nr. 1 a WDO) verurteilt ihn zum Arrest (Disziplinarmaßnahme). Später verurteilt ihn ein Strafgericht aufgrund der gleichen Tat zu einer Freiheitsstrafe (Strafsanktion). Hier liegt eine unzulässige Doppelbestrafung vor.

Wird ein Angeklagter **freigesprochen**, kann kein weiteres Strafverfahren aufgrund der gleichen Tat mehr eröffnet werden. Ausnahme: Ergeben sich nach dem Freispruch **neue rechtliche Gesichtspunkte**, die beim ersten Mal unberücksichtigt geblieben waren, kann das Verfahren wieder aufgerollt werden, vgl. § 373 a StPO.

2. Eingriffe / Verfassungsrechtliche Rechtfertigung

Art. 103 III kennt keinen Gesetzesvorbehalt. Eingriffe sind nicht rechtfertigungsfähig. Eine Wiederaufnahme des Verfahrens **zugunsten** des Angeklagten ist im Sinne des Gerechtigkeitsgedankens gerechtfertigt. Dahinter muss die Rechtssicherheit zurückstehen.

VI. *Grundrecht eigener Art:*
Widerstandsrecht (Art. 20 IV)

Das Widerstandsrecht kann als Grundrecht **faktisch** nicht in Anspruch genommen werden. Es soll Maßnahmen gegen Personen ermöglichen, die es unternehmen, „diese Ordnung zu beseitigen". Mit „dieser Ordnung" sind die wesentlichen Strukturbestimmungen des Grundgesetzes gemeint (Art. 20 I-III). Widerstand ist allerdings nur dann möglich, wenn **andere Abhilfe nicht möglich** ist.

Andere Abhilfe ist solange möglich, als „diese Ordnung" besteht. Besteht sie nicht mehr, ist auch das Grundrecht auf Widerstand in Art. 20 IV nicht mehr existent. Ist es nicht mehr existent, kann sich ein Deutscher auch nicht mehr darauf berufen.

Er könnte sich nur dann darauf berufen, wenn das Widerstandsrecht von der **Ewigkeitsklausel des Art. 79 III** geschützt wäre. Das aber ist nicht der Fall. Das Widerstandsrecht wurde erst nachträglich in die Verfassung eingefügt. Nachträgliche *Erweiterungen* können nicht den Schutz des Art. 79 III erhalten – sonst könnte der momentane Gesetzgeber künftige Gesetzgeber auf alle Zeit binden.

Im Ergebnis ist eine Berufung auf das Widerstandsrecht in der Bundesrepublik Deutschland nicht möglich.

Wiederholungsfragen zu den Justizgrundrechten (Art. 19 IV, 101, 103) und zum Widerstandsrecht (Art. 20 IV)

1. Welches sind die Justizgrundrechte im Grundgesetz ?

Art. 19 IV, 101, 103.

2. Was umfasst „öffentliche Gewalt" in Art. 19 IV?

Nur Verwaltungshandeln.

3. Weshalb wird die Rechtsprechung nicht unter „öffentliche Gewalt" subsumiert?

Es kann keinen unendlichen Instanzenzug geben.

4. Welche Institutionen sind mit dem „Rechtsweg" gemeint?

Die Verwaltungsgerichte.

5. Stellt Art. 10 II 2 einen Eingriff in die Rechtsweggarantie dar?

Nein. Es ist eine Ausnahme.

6. Wer ist der „gesetzliche Richter" im Sinne von Art. 101 I 2?

Der Richter mit sachlicher, örtlicher, instanzieller und persönlicher Zuständigkeit.

7. Wie regeln die Gerichte intern die Geschäftsverteilung?

Durch Geschäftsverteilungspläne.

8. Wie kann gerechtfertigt in die Justizgrundrechte eingegriffen werden?

Gar nicht. Es gibt keinen Gesetzesvorbehalt und kollidierendes Verfassungsrecht kommt nicht in Betracht.

9. Welche drei Dinge schützt das Grundrecht auf rechtliches Gehör?

1. Recht auf Information, z.B. durch Kenntnis der Schriftsätze des Gegners,
2. Recht auf Äußerung zu Tatsachen und Rechtsfragen,
3. Recht auf Berücksichtigung der Äußerungen.

10. Und welches sind die Grundsätze, die von „nulla poena sine lege" (Art. 103 II) geschützt werden?

1. Prinzip der Gesetzlichkeit,
2. Prinzip der Gesetzesbestimmtheit,
3. Rückwirkungsverbot,
4. Analogieverbot im Strafrecht.

11. Was ist das „Prinzip der Gesetzlichkeit"?

Strafe darf nur aufgrund eines Gesetzes oder einer Rechtsverordnung verhängt werden.

12. Wo regelt das StGB das Rückwirkungsverbot?

In § 1 StGB.

13. Was heißt „ne bis in idem"?

Verbot der Doppelbestrafung, geregelt in Art. 103 III.

14. Mit welchem Staatsstrukturprinzip sind die Justizgrundrechte verbunden?

Mit dem Rechtsstaatsprinzip.

15. Warum kann man sich faktisch nicht auf das Widerstandsrecht in Art. 20 IV berufen?

Recht auf Widerstand gibt es nur, wenn andere Abhilfe nicht mehr möglich ist. Ist andere Abhilfe nicht mehr möglich, sind die Grundrechte abgeschafft. Sind die Grundrechte abgeschafft, kann man sich auch nicht mehr auf das Widerstandsrecht berufen.

16. Wieso schützt die Ewigkeitsklausel in Art. 79 III nicht das Widerstandsrecht?

Das Widerstandrecht wurde erst später in das Grundgesetz aufgenommen; spätere Hinzufügungen unterfallen nicht dem Schutz von Art. 79 III, da sonst der momentane Gesetzgeber alle künftigen Gesetzgeber binden könnte.

17. Ist das Widerstandsrecht ein Deutschengrundrecht?

Ja.

6. Kapitel

Prüfung der Gleichheitsgrundrechte
(Art. 3, 6 V, 33 I-III, 38 I 1)

Neben den Freiheitsgrundrechten (inkl. der Justizgrundrechte, die genauso geprüft werden) normiert das Grundgesetz einige **Gleichheitsgrundrechte**. Diese sind in Art. 3, 6 V, 33 I-III und 38 I 1 benannt. Allgemeiner Gleichheitssatz ist Art. 3 I. Die Prüfung erfolgt anders als bei den Freiheitsgrundrechten. Sie besteht aus nur zwei Schritten:

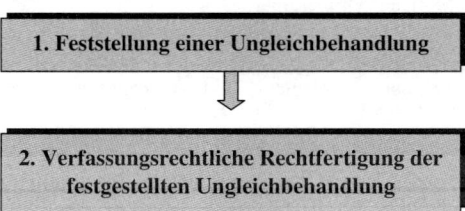

1. Zuerst muss eine Ungleichbehandlung festgestellt werden. Diese liegt vor, wenn **wesentlich Gleiches willkürlich ungleich** oder wesentlich Ungleiches willkürlich gleich behandelt wird.

Dabei muss die Ungleichbehandlung von derselben staatlichen Ebene ausgehen. Nicht ungleich behandeln können folglich Gesetze oder Verwaltungshandeln des Bundes im Vergleich zu denen der Länder oder Gemeinden.

Zur Feststellung der Ungleichbehandlung bedarf es einer **Vergleichsgruppe**. Diese Vergleichsgruppe muss gebildet werden.
  Beispiel: Alle türkischen Pizzabäcker müssen höhere Gewerbesteuer zahlen als die deutschen Pizzabäcker. Die Ungleichbehandlung für die Türken lässt sich anhand der Vergleichsgruppe (Deutsche) feststellen.

Zur Vergleichsgruppe müssen nicht unbedingt Personen gehören. Auch Sachverhalte lassen sich vergleichen.

Entscheidend ist, dass **beide Teile** der Vergleichsgruppe unter einen **Oberbegriff** zusammengefasst werden können (z.B. Pizzabäcker).
Nicht vergleichbar wären damit z.B. türkische Pizzabäcker mit deutschen Rechtsanwälten.
Oberbegriffe können sein – für Personen: Händler, Ärzte, Lehrer – für Sachverhalte: Besteuerung, Kleidungsvorschriften, Arbeitsverbote.

2. Die Ungleichbehandlung müsste **verfassungsrechtlich gerechtfertigt** werden können. Notwendig ist also ein sachlicher Differenzierungsgrund.

Dabei ist vorab das **Differenzierungsziel** der staatlichen Gewalt zu benennen: Was will das Gesetz erreichen? Welches Ziel verfolgt die Verwaltung mit ihrem Handeln? **Beispiel:** Die Ungleichbehandlung von männlichen und weiblichen Bewerbern um eine Beamtenstelle wird mit dem Ziel der Frauenförderung begründet.

Vor allem: Welches **Differenzierungskriterium** liegt der Handlung zugrunde? **Beispiel:** Das Geschlecht.

Sodann ist zu prüfen, ob die Differenzierung gerechtfertigt werden kann. Nach alter Rechtsprechung des BVerfG ist das der Fall, wenn die Differenzierung (= Ungleichbehandlung) **nicht willkürlich** erfolgt. Die Differenzierung erfolgt dann nicht willkürlich, wenn es für sie einen sachlichen Grund gibt.

Nach neuerer Rechtsprechung („neue Formel des BVerfG") ist die Differenzierung gerechtfertigt, wenn zwischen zwei Gruppen „Unterschiede von solcher Art und solchem Gewicht bestehen, dass sie die ungleiche Behandlung rechtfertigen". Damit verlangt das BVerfG nicht nur einen sachlichen Grund, sondern eine **Abwägung.**

Diese Abwägung erfolgt nach den bekannten Maßstäben: Die Differenzierung muss einen legitimen öffentlichen Zweck verfolgen (siehe Differenzierungsziel), das Differenzierungskriterium muss geeignet, die Differenzierungsstärke erforderlich und die Differenzierung an sich verhältnismäßig im engeren Sinne sein.

 Hinweis: In der Klausur ist erst auf die alte Willkür-Formel und sodann auf die neue Abwägungs-Formel einzugehen. Schließlich ist eine Abwägung vorzunehmen.

Prüfungsschema bei Gleichheitsrechten:

I. Gleich – bzw. Ungleichbehandlung
    Behandelt das Gesetz wesentlich Gleiches ungleich oder Ungleiches Gleich?
    1. Bestimmung der Personengruppe / der Situation (z.B. türkische Pizzabäcker).
    2. Vergleichsgruppe bilden (z.B. deutsche Pizzabäcker).
    3. Gemeinsamer Oberbegriff (z.B. Pizzabäcker).
II. Verfassungsrechtliche Rechtfertigung der festgestellten Ungleichbehandlung
    1. Formelle Verfassungsmäßigkeit des Gesetzes (Kompetenz, Verfahren, Form).
    2. Materielle Rechtmäßigkeit:
        a) Differenzierungsziel (z.B. mehr Arbeit für deutsche Pizzabäcker).
        b) Differenzierungskriterium (z.B. Staatsbürgerschaft).
        c) Abwägung: Rechtfertigung der Differenzierung / Verhältnismäßigkeit.

7. Kapitel

Spezielle Gleichheitsgrundrechte

I. Allgemeines Gleichheitsrecht (Art. 3)

Grundrechtsträger ist jeder Mensch. Ebenso können sich juristische Personen des Privatrechts auf Art. 3 I berufen. Inhalt des Grundrechts ist die „Gleichheit vor dem Gesetz", also die **Rechtsgleichheit**. Diese Gleichheit kann nur in Bezug auf einen Dritten erkannt und eingefordert werden. Unter „Dritten" werden Personen, Personengruppen und Sachverhalte erfasst.

Die Absätze II und III nennen **absolute Differenzierungsverbote**. Aufgezählt sind Kriterien, die eine Ungleichbehandlung auf keinen Fall rechtfertigen können: Geschlecht (dazu sogleich), Abstammung, Rasse, Sprache, Heimat, Herkunft, Glauben, religiöse und politische Anschauungen. Behinderte dürfen nicht benachteiligt, aber wohl bevorzugt werden.

Liegt eine Ungleichbehandlung vor, fungiert Art. 3 II, III als Abwehrrecht und wird wie ein Freiheitsgrundrecht geprüft (Schutzbereich – Eingriff – Verfassungsrechtliche Rechtfertigung).

Das Kriterium „Geschlecht" wird dabei in Art. 3 III und II genannt. Unterschied:

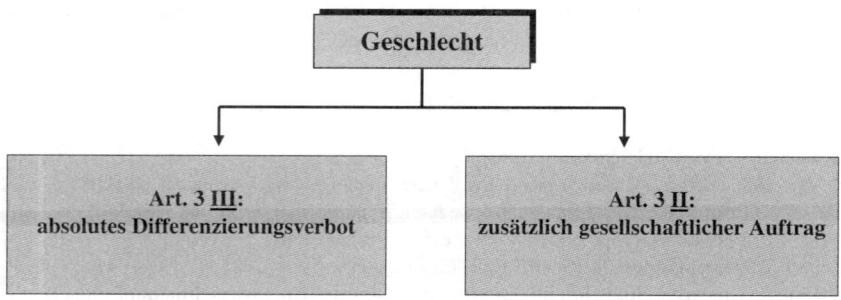

Ungleichbehandlungen innerhalb der Tatbestände von absoluten Differenzierungsverboten sind nicht rechtfertigungsfähig. Für das Merkmal „Geschlecht" macht das BVerfG jedoch eine **Ausnahme**, wenn „im Hinblick auf die objektiven biologischen oder funktionalen Unterschiede nach der Natur des jeweiligen Lebensverhältnisses eine besondere Regelung erlaubt oder sogar geboten ist".

Beispiel: Männer können nicht Frauenbeauftragte werden. Ein des Öfteren in Lehrbüchern zu findende Beispiel, nach dem Männer nicht Hebamme sein können, ist falsch. Es gibt sie, sie heißen dann Entbindungspfleger.

II. Gleichstellung nichtehelicher Kinder (Art. 6 V)

Art. 6 V stellt neben einem objektiven Auftrag an den Gesetzgeber auch ein subjektives Grundrecht dar. **Grundrechtsträger** sind alle nichtehelichen Kinder. Sie haben einen Anspruch auf gleiche Behandlung und ein Recht zur Förderung ihrer Stellung in der Gesellschaft von Seiten des Staates.

III. Gleicher Zugang zu öffentlichen Ämtern (Art. 33 II)

Das Recht auf gleichen Zugang zu allen öffentlichen Ämtern in Art. 33 II ist lex specialis zu Art. 3 I. **Grundrechtsträger** sind alle Deutschen. Sie haben das Recht, ausschließlich nach den Kriterien Eignung, Befähigung und fachlicher Leistung in den öffentlichen Dienst berufen zu werden.

Eine bevorzugte **Berücksichtigung von Frauen** ist unzulässig. Das Motiv der Kompensation, Frauen sollen für gesellschaftliche Nachteile einen Ausgleich erhalten, trägt nicht. Eine Kompensation kann nur für Vor- und Nachteile gewährt werden, die *innerhalb* einer Person liegen.

IV. Politische Rechte (Art. 38 I 1)

In Art. 38 I 1 wird für die Wahl der Abgeordneten zum Deutschen Bundestag u.a. eine allgemeine und gleiche Wahl verlangt. Diese Wahlrechtsgrundsätze gehören zu den Gleichheitsrechten; dagegen stellen die Kriterien „geheim", „unmittelbar" und „frei" Freiheitsrechte dar.

Allgemeinheit der Wahl bedeutet, dass *alle Deutschen* wählen dürfen. **Gleichheit** besagt, dass *alle Stimmen* den gleichen Zählwert besitzen.

> Hinweis: Zu den Einzelheiten, insbesondere zur Unterscheidung von Zähl- und Erfolgswert, siehe „Richter-Skript, Band 18, Staatsrecht I."

Eingriffe in die politischen Rechte können z.B. durch die Festsetzung eines Mindest-Wahlalters oder die 5 %-Hürde ergeben. Diese Eingriffe sind **gerechtfertigt**, wenn sie einen legitimen öffentlichen Zweck verfolgen und geeignet wie auch erforderlich sind. Dies ist bei den Beispielen Wahlalter und 5 %-/3 %-Hürde der Fall.

Art. 38 I 1 sichert weiterhin die Chancengleichheit bei der **politischen Meinungsbildung** sowie in Verbindung mit Art. 21 die Chancengleichheit der Parteien. Daher können sich auch politische Parteien auf das Grundrecht in Art. 38 I 1 berufen – im Verfahren der Verfassungsbeschwerde.

Übungsfall 6:

Die Sanitäterin im Dienst der Bundeswehr S bewirbt sich um eine Übernahme in den allgemeinen militärischen Truppendienst. Die zuständige Stelle versagt ihr die Übernahme mit Hinweis auf das Soldatengesetz. Danach dürfen Frauen keinen Dienst an der Waffe leisten. Nach dem S den Rechtsweg erfolglos durchlaufen hat, legt sie Verfassungsbeschwerde ein. Mit Erfolg?

Lösungsvorschlag

Die Verfassungsbeschwerde der S ist erfolgreich, wenn sie zulässig und begründet ist.

Zuständigkeit des Bundesverfassungsgerichts

Das Bundesverfassungsgericht ist für die Verfassungsbeschwerde der S nach Art. 93 I Nr. 4a, §§ 13 Nr. 8a, 90ff. BVerfGG zuständig.

I. Zulässigkeit

Die Verfassungsbeschwerde müsste zulässig sein.

1. *Beschwerdefähigkeit:*
S ist als „jedermann" im Sinne des Art. 93 I Nr. 4a, § 90 I BVerfGG beschwerdefähig.

2. *Prozessfähigkeit:*
Weiterhin ist S fähig, Grundrechte prozessual geltend zu machen.

3. *Beschwerdegegenstand:*
Schließlich müsste sich die Verfassungsbeschwerde nach § 90 I BVerfGG gegen einen Akt der öffentlichen Gewalt richten. Das Urteil stellt eine Handlung der Judikative und damit einen Akt der öffentlichen Gewalt dar, gegen den sich S richtet.

4. *Beschwerdebefugnis:*
S müsste auch beschwerdebefugt sein.

a) *Möglichkeit der Grundrechtsverletzung:* Es erscheint zumindest als möglich, dass S ungleich behandelt wurde und daher Art. 3 einschlägig ist.

b) *Selbst, unmittelbar und gegenwärtig betroffen:* S ist durch das Urteil auch selbst, unmittelbar und gegenwärtig betroffen.

c) *Besondere Voraussetzung bei einer Verfassungsbeschwerde gegen Urteil:* Weiterhin müsste S behaupten, dass das Gericht die Ausstrahlungswirkung eines speziellen Grundrechts verkannt hat. S legt seine Verfassungsbeschwerde mit Hinweis auf das Gleichheitsrecht ein. Damit behauptet sie die Verletzung spezifischen Verfassungsrechts. Folglich ist S beschwerdebefugt.

5. *Erschöpfung des Rechtsweges:*
S hat laut Sachverhalt auch den Rechtsweg nach § 90 II BVerfGG erschöpft.

6. *Rechtsschutzbedürfnis:*
Es ist kein einfacheres oder billigeres Mittel in Sicht, das Ziel zu erreichen. Damit hat S Rechtsschutzbedürfnis.

7. *Form und Frist:*
Von der Beachtung der Form und Frist gemäß §§ 23 I, 92, 93 BVerfGG ist auszugehen. Damit ist die Verfassungsbeschwerde der S gegen das Urteil zulässig.

II. Begründetheit

Die Verfassungsbeschwerde müsste auch begründet sein.

1. *Gleich- bzw. Ungleichbehandlung:*
Zuerst müsste das Soldatengesetz wesentlich Gleiches ungleich oder Ungleiches gleich behandeln. S ist eine weibliche Soldatin. Als Vergleichsgruppe kommen männliche Soldaten in Betracht. Der gemeinsame Oberbegriff ist folglich „Soldat". Wenn beide Soldaten sind, dann dürfen sie aufgrund ihrer Gleichheit nicht wesentlich ungleich behandelt werden. Männliche Soldaten dürfen in den allgemeinen militärischen Truppendienst, Frauen nicht. Damit liegt eine Ungleichbehandlung vor.

2. *Verfassungsrechtliche Rechtfertigung der festgestellten Ungleichbehandlung:*
Diese Ungleichbehandlung zwischen männlichen und weiblichen Soldaten könnte jedoch verfassungsrechtlich gerechtfertigt sein.
a) An der formellen Verfassungsmäßigkeit des Soldatengesetzes bestehen keine Zweifel.
b) Fraglich ist, ob das Soldatengesetz materiell verfassungsgemäß ist.
aa) Dazu müsste ein Differenzierungsziel gegeben sein. Zwischen Frauen und Männern wird differenziert, damit die körperlich schwächeren Frauen nicht mit Krieg in Berührung kommen.
bb) Differenzierungskriterium ist das Geschlecht.
cc) Fraglich ist, ob diese Differenzierung gerechtfertigt ist. Nach alter Rechtsprechung darf das Soldatengesetz nicht willkürlich sein. Nicht willkürlich ist es, wenn es einen sachlichen Grund gibt. Sachlicher Grund ist hier der Schutz von Frauen. Diese sind im Krieg aufgrund ihrer körperlichen Unterlegenheit und der Gefahr von Vergewaltigungen benachteiligt. Damit ist das Soldatengesetz nicht willkürlich.

Nach neuer Rechtsprechung des BVerfG („**neue Formel**") ist die Differenzierung nur dann gerechtfertigt, wenn zwischen männlichen und weiblichen Soldaten Unterschiede solcher Art und solchem Gewicht bestehen, dass sie die ungleiche Behandlung rechtfertigen. Eine durch einen sachlichen Grund gerechtfertigte Ungleichbehandlung wäre gegeben, wenn das Soldatengesetz verhältnismäßig ist. Ziel des Gesetzes ist der Schutz von Frauen. Dies ist ein legitimer öffentlicher Zweck. Zur Erreichung dieses Zweckes ist das Verbot auch geeignet. Ebenso ist es erforderlich, da kein milderes Mittel erkennbar ist: Entweder Frauen werden zum allgemeinen militärischen Dienst zugelassen oder sie werden es nicht.

Zuletzt müsste das Soldatengesetz auch **angemessen** sein. Zweck ist der Schutz von Frauen. Dagegen steht der Wunsch von Frauen, Dienst an der Waffe zu leisten. Auch sind Frauen nicht unbedingt körperlich schwächer als Männer. In vielen Staaten der Welt sind Frauen zum Dienst an der Waffe zugelassen. Folglich ist das Soldatengesetz nicht angemessen.

Ergebnis: Die Verfassungsbeschwerde der S ist begründet.

Wiederholungsfragen zu den Gleichheitsgrundrechten
(Art. 3, 6 V, 33 II, 38 I 1)

1. Welches ist der Allgemeine Gleichheitsgrundsatz?

   Art. 3 I

2. Welche zwei Schritte sind bei Art. 3 I zu prüfen?

   1. Liegt eine Ungleichbehandlung vor?
   2. Ist diese Ungleichbehandlung gerechtfertigt?

3. Wann liegt eine Ungleichbehandlung vor?

   Wenn willkürlich wesentlich Gleiches ungleich oder wesentlich Ungleiches gleich behandelt wird.

4. Auf was muss man sich beziehen, um eine Ungleichbehandlung darlegen zu können?

   Auf eine Vergleichsgruppe.

5. Welches Merkmal verlangte die alte Formel des BVerfG?

   Willkür (= ohne sachlichen Grund).

6. Was ist nach der neuen Formel des BVerfG zu tun?

   Abwägen ist angesagt!

7. Was ist der Unterschied zwischen Art. 3 II und III beim Merkmal „Geschlecht"?

   In Art. 3 III stellt es ein absolutes Differenzierungsverbot dar, Art. 3 II fügt dem noch einen gesellschaftlichen Auftrag hinzu.

8. In welcher Norm werden nichteheliche Kinder den ehelichen Kindern gleichgestellt?

   Art. 6 V.

9. Und wo sind die Kriterien für den Zugang zum öffentlichen Amt festgeschrieben?

   Art. 33 II.

10. Welche Wahlrechtsgrundsätze in Art. 38 I 1 gehören zu den Gleichheitsrechten: Allgemeinheit, Unmittelbarkeit, Freiheit, Gleichheit, Geheimheit der Wahl?

    Allgemeinheit und Gleichheit.

11. Weshalb können sich auch politische Parteien auf Art. 38 I 1 berufen?

    Art. 38 I 1 schützt auch die Chancengleichheit bei der politischen Meinungsbildung.

12. Nenne Beispiele für Eingriffe in die Wahlrechtsgrundsätze!

    Mindestalter für Wahlgänge, 5 % - Hürde.

Literaturhinweise

Das Fallbuch von Dr. Christian Rauda und Dr. Jochen Zenthöfer zum Thema

Grundrechte: 25 Fälle zu den Grundrechten

7,80 Euro, ISBN 978-3-935150-78-1

Leider konnte ich in diesem Grundkurs nicht noch mehr Fälle unterbringen.
Bei Interesse und Bedarf lesen Sie bitte unser Fallbuch.

Rechtsphilosophie

Zenthöfer, Jochen: Rechtsphilosophie (134 Seiten). Über Platon, Aristoteles, Stoa, Thomas von Aquin, Martin Luther, Thomas Hobbes, John Locke, Samuel Pufendorf, Jean-Jacques Rousseau, Immanuel Kant, Georg Wilhelm Friedrich Hegel, Karl Marx, Karl Popper, Hans Kelsen, Herbert Hart, Ronald Dworkin, John Rawls, Niklas Luhmann, Friedrich August von Hayek und andere. Sowie systematische Überblicksartikel über: Vertragstheorien, Funktion von Recht, Strömungen der Rechtstheorie um 1900, Rechtspositivismus und Naturrechtslehre und Gerechtigkeit.

Erschienen im Richter-Verlag.

Staatsorganisationsrecht (Staatsrecht I)   mit 10 Übungsfällen

Zenthöfer, Jochen: Staatsrecht I – Staatsorganisationsrecht (144 Seiten). Der Zwilling zu diesem Grundriss. Kompakter Überblick über Staatsstrukturprinzipien, Staatsorgane und das Gesetzgebungsverfahren. Schwerpunkt im Prozessrecht: Organstreitverfahren, Normenkontrollen, Wahlprüfung etc. Mit 10 Übungsfällen.

Erschienen im Richter-Verlag.

Staatshaftungsrecht (Artikel 14)

Zenthöfer, Jochen: Staatshaftungsrecht (128 Seiten). Behandelt die Amtshaftung (Art. 34, § 839 BGB), Ansprüche aus Art. 14, enteignungsgleichen Eingriff, enteignenden Eingriff, Folgenbeseitigungsanspruch, Erstattungsansprüche und ähnliches. Dazu ein Abschnitt über Klausurentechnik im Verwaltungsrecht.

Erschienen im Richter-Verlag

Meine Webseite: www.zenthoefer.de

Index

Außerdem erschienen im Richter Verlag

25 FÄLLE

- Band 1   BGB Allgemeiner Teil
- Band 2   Schuldrecht
- Band 3   Sachenrecht
- Band 4   Verwaltungsrecht
- Band 5   Strafrecht AT
- Band 6   Strafrecht BT
- Band 7   Staatsorganisationsrecht
- Band 8   Grundrechte

STREITSTÄNDE KOMPAKT

- BGB Allgemeiner Teil / Schuldrecht AT
- BGB Schuldrecht BT
- Sachenrecht
- Strafrecht AT
- Strafrecht BT
- Verwaltungsrecht
- Staatsecht

außerdem
60 Fälle zum SCHULDRECHT
Grundkurs Insolvenzrecht

WIRTSCHAFTSWISSENSCHAFTLICHE GRUNDKURSE

- Makroökonomik
  - Mikroökonomik
    - Finanzierung
      - Kostenrechung
        - Buchführung
          - Übungsbuch Kostenrechnung
          -Übungsbuch Makroökonomik
          -Übungsbuch Mikroökonomik